美國中西部

峽谷、山峰、瀑布、⋯⋯景觀風景

驚嘆之旅

作者◎許正雄・陳美娜

目 錄
Contents

地圖速覽

作者序

緣分讓我們相遇，實現我的美國夢

有人說，活在當下，實踐夢想，都是一種幸福；我，五十知天命，卻在即將邁入耳順之年之際，有如穿越時空，飛越千萬里，在地球的另一端，勇敢去找尋曾經失去的，卻在意外的人生中用攝影也用旅遊，實現了青澀年代有過的夢想。

美國，對很多人來說，是一個很遙遠的國度，很多人可能一生之中都沒有機會去。第一次踏上美國，跟團在美西玩了幾天，第二次到東岸，走訪全球第一大城紐約，並參觀被譽為掌握世局最有權力的白宮等地，第三次再重遊美西，第四次搭郵輪自助旅遊也是美國國土的阿拉斯加，如果再加上曾經去了兩次夏威夷，美國前後就去了6次，就是獨缺中西部。

2008年從我服務20幾年的媒體退休下來，但仍不得閒，還是過著退而不休的生活，忙不完的攝影工作，與同事出了一本台南遊旅書，重回平面媒體的工作，每天背著相機出門做我最喜歡的攝影，知足常樂似已無所求。

半百人生，走訪了27個國家地區，人生已無憾，更沒想過會再踏上美國這塊土地。跟上潮流玩起臉書，才註冊上線，竟讓我與在澎湖相遇相識的友人，失聯30幾年後能在空中重逢，當年才17歲的少女如今年屆半百，8個月後我飛往美國，半年二度前往停留了4個月，我們的足跡踏遍科羅拉多州及鄰近各州，上萬張的照片為旅程留下點點滴滴的紀錄，原只想能否再續前緣，卻意外共同譜出了這本美國中西部驚嘆之旅。

後記：這本旅遊書能順利完成並出版，要特別感謝我在美國期間，佛光山丹佛講堂覺聖法師、張治平夫婦、公攸珍小姐、尹木生老師夫婦、陳燦煌師兄夫婦等人的多方協助，在此致上最大的謝意。

關於作者／許正雄

1956年出生，台灣澎湖人，世新大學畢業，從事平面媒體新聞採訪與專業攝影工作32年，歷任《台灣日報》、《聯合報》、《聯合晚報》記者，高雄市議會、壹肆伍貳創意整合公司特約攝影。現任行政院重建會特派記者、美國科羅拉多州健康生活周刊特約記者，以及導遊等工作，喜愛攝影、大自然、鳥類生態、旅遊、自助旅行，已旅遊過美國、阿拉斯加、加拿大、紐西蘭、尼泊爾、法國、義大利、日本及東南亞各國、中國大陸地區北京、南京、上海、四川及北彊等27個國家及地區。撰寫出版過《高屏澎小吃之旅》、《玩進大台南》旅遊書，專題報導《宗教國度——尼泊爾》、《人間最後一塊淨土——阿拉斯加郵輪之旅》等。

世界級人間仙境，你一定要來看看

台北出生，台北成長，自有記憶起，一直都記得無數週末的礁石海釣及海水浴場跳浪。19歲移民南加州，離海灘白沙才5分鐘車程，想家時就在海邊呆著，釣魚、玩沙、看夕陽，18個年頭數不清多少親朋來訪必去的迪士尼，環球影城和海洋世界。即使走訪東岸主要大城，也從不曾踏進中西部高原，認定這輩子愛死大海，絕對離不了它！

東遷科羅拉多州丹佛時，驟然覺悟從此世界裡沒了海，有的就是碩大無比，爬起來還會因空氣稀薄而氣喘不已的北美第一大洛磯山脈。好似來到了真正的鄉下地方，幾乎不再有親朋來訪，開始數年覺得自己都要乾涸寂寞成石囉。今年堂堂步入在此的第18個年頭，即使孩兒都已長成，縱使年邁媽媽千呼萬喚快些回加州，卻始終割捨不下這高原的樹呀、石呀、藍天和白雲、日出和日落！雖還愛著大海，卻對這山始終沈迷不倦！

總遺憾訪美人無數，但真正走進中西部一遊的卻寥寥無幾。一直很想介紹這片世界級許多排名第一的人間仙境給大家，失聯多年的好友遠從台灣飛來，拍下張張美麗又感動的攝影作品，一起著手寫了這本旅遊書，希望你們也來親自體驗真正的一年四季，在你身邊悠遊散步的野生動物，創造歷史的冰湖高山美景，絕對能滿足你各類的購物天堂，和絕不能錯過登上4,000公尺高峰，全世界都在你腳下時的滿足與幸福！

關於作者／陳美娜

1961年出生，台灣台北人，先後就讀景美女中、師大美術系，1980年19歲那年舉家移民美國，與家人住在南加州杭廷頓沙灘附近城鎮，並就讀加州州立富勒頓大學分校(California State University Fullerton)，1996年移居中西部洛磯山下的科羅拉多州丹佛市，曾在美國銀行等金融機構服務，平時也兼任華語與英語翻譯、導遊工作，喜研究美食，科州中華會館、中華文化中心理事、志工，喜歡大地美景，勤走動愛爬山，拍照畫畫是生活最大樂趣，也是佛光山丹佛講堂長年義工，現任Transamerica理財投資顧問。

推薦序

美國ABC廣播電視網丹佛晨間新聞主播　張欣瑤

　　像許多在海外出生的孩子，在美國生活及受教育的機會一直是很多家庭的夢想。　在我8歲時，父母做了一個重大的決定，也就是從台灣舉家遷移美國。我們並非選擇搬到加州或紐約，而是來到了南邊的路易斯安那州。我們決定扎根於此，我的父母也早早地在我小小的心靈裡種下了熱愛旅遊的種子，一有機會，我們便全家旅遊，長久下來，幾乎玩遍了整個美國，而我在2004年由於廣播工作的關係，來到了科羅拉多州。

　　我喜愛陳美娜小姐的這本書，因為她詳細清楚地描述了科羅拉多州美麗的地方，我真希望之前搬來丹佛時，就能有這麼好的旅遊嚮導書！丹佛是個大城市，但難得地仍保有小鎮風貌，可以輕易地展開旅程，也適合獨自探索。

　　陳美娜小姐在書中不只強調了著名的景點，像是洛磯山脈國家公園、大沙丘國家公園這些已經廣為人知的地方，她也告訴大家許多丹佛獨具風味的私房景點。從逛逛16街上的小店、看看悠閒漫步的人們、或是短程開車到科羅拉多州自然的溫泉區，這本書將會帶你深入了解科羅拉多州獨特人文景點，及大自然恩賜的美景。

　　對於那些從未到訪科羅拉多州的人們，可能會覺得科羅拉多州是個寒冷又多雪的地方。是的！在冬春之際，歡迎帶上您的滑雪用具，來到科羅拉多州享受美好的滑雪假期，不過，科羅拉多州也是個一年有將近300天日照的地方！在這本書中，您會發現在這裡，無論您選擇在夏季或冬季到訪，一年到頭都有許多有趣的活動，又或者您會認真考慮在丹佛定居下來呢！

　　Like many children born overseas, the opportunity of living and being educated in the United States has always been a dream for many families. Born and raised in Taipei, Taiwan, my parents made the big move to the U.S. when I was about eight years old. We didn't move to California or New York, instead we moved to the deep South, Louisiana. While we put our roots there, my parents put the "travel bug" in me early. We travelled all over the country when given the chance. It was because of that and my career in broadcasting that brought me out to Colorado in 2004.

　　What I love about Ms. Chen's book is how thorough and detailed she is with all the beautiful places Colorado has to offer. I wish I had this guide when I first moved to Denver! While the city is big, it still has a small town feel, which makes it easy to go out and explore on your own.

　　Ms. Chen not only highlights the well known landmarks like Rocky Mountain National Park and the Great Sand Dunes in this book, but also the unique spots that make the Denver metro areas stand out. From the shops and people watching on the 16th Street Mall to a short drive to visit one of Colorado's natural hot springs, this book will make you want to explore all of Colorado's touristy hang-outs and natural wonders.

　　For those who've never visited Colorado, many have the misconception that it's always cold and snowy here. Yes, Colorado is a place to bring out your skis or snowboards during the winter and spring months, but we also have nearly 300 sunny days a year! In Ms. Chen's book, you'll find plenty of year-round activities that'll keep you entertained, whether you're here visiting in the Summer or Winter months or you're thinking about putting your roots in the Mile High City.

張欣瑤　Clct Cg

科羅拉多州中華會館理事長　徐建時

　　旅行可以陶冶性情，也可以增廣見聞，旅行家以詩人或畫家的素養與心情，欣賞大自然美景，如能以新聞記者敏銳的眼光與詳實的筆鋒，記錄所見所聞，更能讓讀者即使無法身歷其境走訪也能臥遊一番。

　　作者陳美娜小姐，少女學生時期就喜愛自然與旅遊，以畫筆描繪美景，移民美國後攻讀電腦工程，也愛上攝影紀錄四處旅遊的美景；作者許正雄先生，來美訪友，在科羅拉多州停留數月，驚嘆美國中西部之美，以其攝影專長拍出張張令人驚豔的照片，兩人將旅遊的點點滴滴分享，用美麗的照片與動人的文字，圖文並茂介紹美國中西部的山川之美。

　　《美國中西部驚嘆之旅》以科羅拉多州丹佛市(Denver City)為中心，將科州及其周邊三州——南達科他州(South Dakoda)、懷俄明州(Wyoming)以及猶他州(Utah)等著名景點，獻給讀者。大多數的遊客來美國，最常前往美東、美西兩岸，透過這本書的詳盡介紹，您是否想實際走訪一趟美國中西部驚嘆之旅？丹佛市熱忱歡迎你！

徐建時
Chii&Hu

丹佛佛光講堂　覺聖法師

　　因常駐調派的關係，有幸來到丹佛服務，以往有人告訴我科羅拉多很美。但是當我來到丹佛時，若有外地信眾前來參訪，卻不知帶他們到科州哪裡的好山好水去走走？科州屬中西部，這裡對一般來美旅遊的人而言是陌生的；而到科州在下飛機後，還要坐飛機或開車；最主要的就是對它不熟悉。

　　當我知道陳美娜小姐和許正雄先生要出一本書專門介紹美國中西部的四個州(科羅拉多州、懷俄明州、南達科他州、猶他州)尤其以科州為主，大小景點皆介紹得非常仔細。科羅拉多州對於美國東西兩岸而言，猶如鄉下般有著淳樸的民眾，清新的空氣、藍藍的天、白白的雲、峻秀的洛磯山脈，夏天新綠的新葉、秋天有滿山的黃葉、冬天有皚皚白雪，更是美國著名的滑雪勝地。

　　它們都自然的呈現在眼前歡迎來到科州的人們！我替他們的發心感到驕傲，也為未來想來科州旅遊的人慶幸；希望藉由這本書除了讓人對美國中西部有進一步的了解，並提供一本正確的中文的旅遊指南，以供參考。看到書裡美麗的景色，您動心了嗎？不妨到此一遊！

丹佛佛光講堂　覺聖法師

推薦序

財團法人唐獎教育基金會企劃處處長　胡茵茵

　　許正雄是聯合報的資深記者，退休後受聘加入行政院重建會的團隊，負責災後重建影像紀錄的工作，平面媒體出身的他，深入原鄉部落與重建社區，以敏銳的觀察力，總是能抓住那一瞬間呈現最真實又感人的畫面，忠實的紀錄重建的故事，他對攝影總是採最高標準力求完美，以留下最珍貴又完整的影像。

　　這本《美國中西部驚嘆之旅》旅遊書，在他鏡頭下的高山、林木、湖泊、小鎮、街道、文物，都能呈現不同風貌的景致，讓喜歡旅遊的讀者在閱讀上有最佳的「視覺享受」，更可以提供喜愛大自然的自由行玩家，作為旅遊行程最完備的參考工具書，希望讀者跟我一樣，也可以透過許正雄的這本旅遊書，展開你豐富又充滿驚嘆的旅遊行程。

　　旅行，是人生追求快樂最容易的一件事，跟著團體旅遊是一種方式，現在則流行自由行，甚至有人說，愛自己就一個人去旅行，因為人生就是不斷在旅行，也在追求夢想。

胡茵茵

聯合報高雄市特派員　譚中興

　　與許正雄在聯合報共事近20年，他是一位稱職負責的記者，對攝影的興趣與執著的態度讓我敬佩，過去在新聞採訪攝影上，總能抓住最佳的鏡頭，一張照片就勝過千言萬語，他喜歡大自然也酷愛旅遊，每次都能用攝影把各地的美景帶回來與同事分享。

　　許正雄平時就喜歡攝影，相機總是不離身，隨時可以拍下工作或生活上的點點滴滴，他從早期相機使用底片拍攝，到現在科技化的數位相機，都一樣能呈現最美最真實的畫面，恭喜他寫了這本《美國中西部驚嘆之旅》，我看了也一樣驚嘆，驚嘆美國中西部之美，也驚嘆他和過去一樣敬業的精神，能克服很多困難，認真用心的去努力完成。

譚中興

編輯室提醒

　　每一個城市都是有生命的，會隨著時間不斷成長，「改變」於是成為不可避免的常態，雖然本書的作者與編輯已經盡力，讓書中呈現最新最完整的資訊，但是，我們仍要提醒本書的讀者，每個旅行團所規畫的路線不盡相同，故作者所提供的路線並不是絕對唯一，有些景點也會因為旅行團的路線不同，而沒有列入參觀範圍。另外，天氣的變化莫測，也是要請讀者多加注意的地方。在前往聖地之旅之前，先向旅行社確定規畫路線，以及上網查詢當地天氣狀況是絕對必要的。也請注意自身及財務上的安全。

　　過去太雅旅遊書，透過非常多讀者的來信，得知更多的資訊，甚至幫忙修訂，非常感謝你們幫忙的熱心與愛好旅遊的熱情。歡迎讀者將你所知道的變動後訊息，提供給太雅旅行作家俱樂部taiya@morningstar.com.tw

太雅旅行作家俱樂部

如何使用本書

行前資訊
本單元讓你在最短的時間,了解當地實用資訊。

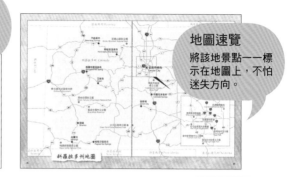

地圖速覽
將該地景點一一標示在地圖上,不怕迷失方向。

城市印象 About Denver
搭配圖文,讓你預先了解這座城市的整體樣貌。

精選專題
蒐羅當地最精彩的景點、商店、餐廳,一個都不錯過!

Best Of Best　吃喝玩樂 in 丹佛

交通對策
如何前往,開車該走哪條公路一一解析超清楚。

Tips、Notes、History
貼心小Box,行程上的小叮嚀、玩樂攻略、當地的歷史典故,作者不藏私,全都與你分享。

內文資訊符號

✉	地址	http	網址	⏰	營業、開放
📞	電話	➡	前往方法	$	價格、費用
休	休息、公休日				

地圖資訊符號

●	城市	25	州際高速公路 (Interstate Highways)
●	景點	20	美國國道 (U.S. Highways)
✈	機場	34	州內公路 (State Highways)

行前資訊

　　美國給台灣免簽證的優惠措施，帶動美國旅遊觀光的新熱潮，不少已去過美國的遊客也許計畫改走自由行，美國對國人來說是一個很熟悉的國家，即使沒有去過，對這個國家也是耳熟能詳，你有機會踏上這個國家去旅遊，行前需要準備什麼？要自助旅行，又如何玩得安全玩得開心玩得省錢，行前篇給你一些小叮嚀，提供你參考。

美國各重要公路，道路標示簡單明瞭

美國全圖

美國基本小檔案

地理環境

美國地域廣大，本土從東岸的大西洋到西岸的太平洋，東西距離就長達48,000公里，中西部有洛磯山脈縱貫南北，如果再加上最北邊的阿拉斯加，以及太平洋中的夏威夷，國土面積就廣達962.9萬平方公里，全國有50個州，每個州面積都比台灣還大，就經度來說，從西經67度到125度。

氣候

氣候多樣化，中西部地區內陸多為沙漠與草原氣候，科羅拉多州海拔較高，分屬大草原、高原與高山三種型態的氣候，四季分明，但因緯度高，平均氣溫都比台灣低很多，夏天多雷陣雨，經常是晴空萬里，白天氣溫常高達攝氏32度以上，日夜溫差大是一個特色，乾燥不易流汗，不像台灣「又濕又熱」，中西部成為夏季旅遊與戶外休閒活動的首選，但高山空氣稀薄也易氣喘。

櫻桃溪州立公園

時區

前往美國最讓人頭痛的第一件事就是「時差」，美國比台灣的時間慢一天，但慢多少小時，就要看地方，美國本土分三個時區，中西部分為中央與山地兩個時區，各早西岸的城市如舊金山、洛杉磯兩個小時及一個小時，日光節約時間還會提早一個小時，夏天常到了晚上9點後太陽才下山，抵達美國後第一件事先弄清楚當地時間。

簽證

去美國免簽證了! 過去繁雜又要花時間申請美國簽證，從2012年11月起不必再申請，但不代表買張機票就可以去美國，雖然是免簽證，但依規定還是要上網去申請，一樣需要費用，只是比過去申請手續簡便省錢多了，但能不能順利入境美國，仍需要看美國移民局的最後審查結果。

免簽證不表示不用簽證，還是要申請相關手續，且護照一定要使用有晶片的護照，最長停留時間可達90天，不得申請延長或改變身分。

申請美國免簽證必須上網申請，網站上有許多未經美國認可的第3網站，他們會收取額外費用提供免簽申請，但免簽計畫只能由上網登記申請取得，美國在台協會提醒並呼籲，一定要確認美國官方網站(www.ait.org.tw/zh/vwp.html)，以免受騙。

上網申請後，須先在站上支付14美元的費用，其中4美元為處理費，若申請批准，其中10美元作為旅遊推廣金，申請核准後，記得需取得個人免簽授權，也就是收到批准後，千萬記得下載列印夾入護照中才算完成您的美國入境免簽作業。

旅行授權電子系統為「Electronic System For Travel Authorization」(簡稱ESTA)，必須提供個人的英文資料，不會英文的可由旁人協助填寫，網站上也有提供填寫方式的說明影片，相當簡易明瞭，所有申請表格都需通過犯罪紀錄、傳染病例及以往出入境紀錄等審核，申請作業約至少72小時，如計畫前往美國，建議提早申請。

購買機票

出國確定日期後就是購買機票，機票價格會因淡旺季、油價、稅金、直飛或轉機，以及購買時間價格有所不同，原則上，越早購買越便宜，建議找旅行社購買較不會有問題，安排最適合的班機及轉機，信用卡刷卡購買機票，發卡銀行還多送你一個「搭乘公共運輸工具的旅行平安險」。

搭機與行李

台灣飛往美國屬長程線航班，每個人可託運兩件大行李，但每件行李不能超過22公斤，超重會加收費用，出發前要先確實先秤過，不要超重，寧願少，到了機場萬一超重，往往時間緊迫，重新整理行李非常麻煩費時。

美國西岸的洛杉磯國際機場

搭機、轉機都要確實掌握班機時間，以免延誤

從台灣飛美國西岸的第一站，不是舊金山就是洛杉磯，要再前往中西部，為節省時間大都再轉搭國內班機，飛往中西部的大城市如丹佛、休士頓，如果機票事先就買好，在轉國內班機時，託運的行李就不必領出來，也不必再付另外的費用，但如果是分開買機票就不同了，國內班機託運行李都要付費，每一件至少15美元以上。

大部分航班都是由西海岸大城入境美國，持美國以外護照的旅客，經常在移民局或海關，因入境手續而耽誤，有時會趕不上原先要轉搭的國內航班，購買二段機票時，千萬要有充裕的時間等候轉機。

 ## 出國前停看聽

租借汽車

美國各地都有租借汽車，可以在入境的機場內租借，租車公司有Avis、Hertz，基本費用多以一日計算，另要支付稅金與保險費，通常保險費比租金貴，油料先幫你加滿，還車時再加滿，租車也可以甲地租乙地還，車輛駕駛座和台灣一樣都是左邊，靠右邊行駛，記得出國前先去監理站申請一本國際駕駛，在美國也可以用，不必另外再申請駕照。

最有名的租車公司Hertz(www.hertz.com)，也可以上網在搜尋引擎租車(www.rentalcars.com)的網站上租車，這些網站都有中文可供查詢，非常方便，如果你的機票是請旅行社代購開票，也可請旅行社代預訂租車，以週租價錢較為便宜，在各城市機場租車櫃檯取車，雖需支付機場稅但卻方便您出入。取車簽名前，先了解租約內容，保險費不便宜，尤其是每日的責任險(LIS)和人身意外傷害險(PAI)，一定要加入租約確保旅途上人身車身的任何碰撞，在美國生存最重的負擔是各類保險費，千萬不可存僥倖心態，出了事可是後悔都來不及。

入境與通關

入境必填兩張表格，入境表格與海關申報表各一張，填寫內容都是基本資料，包括姓名、出生年月日、護照號碼、居住城市、登機城市、航班、旅程的目的、停留美國的住址，海關申報表部分，除了上述基本資料，禁止帶水果、植物、肉品類入境，有無攜帶超過一萬美金以上的外幣，都一樣要申報填寫，最後要記得簽名。

班機在降落前，空服人員都會詢問需不需要入境表格(I94)與海關申報表(Custom Form)，事先填寫好，入境省時，美國海關檢查嚴格是世界有名，即使是肉類加工食品(如肉類的泡麵)或水果都是禁止攜入。

丹佛國際機場的租車服務櫃檯

13

16街上的餐廳

各種起司乳酪蛋糕

小費文化

付小費在美國是一項很特別的文化也是一種習慣，你總會有存疑？用餐或住宿，都已付了費用，為什麼還要另給小費，在美國這是一種「習慣的禮節」，服務業最常見，除像麥當勞等速食店不給小費，幾乎所有的餐飲店都需小費，約是消費金額的2成，如100元就是付20元，視你消費的金額而定。

出國必帶物品

依季節選帶衣物外，其他必帶的還包括球鞋、帽子、防曬用品、太陽眼鏡、背包及盥洗用品，個人的藥品部分，在美國看醫師非常貴，買藥要有醫師的處方才能到藥店購買，比較會用到的藥品可以自己帶，以防萬一，例如感冒藥、胃腸藥、止痛藥、外傷藥膏。喜歡拍照要帶相機、記憶卡、讀卡機、筆電，美國的電壓是110V，插座與台灣一樣。

行程規畫建議

科羅拉多州幅員廣大，擁有4個國家公園，境內多高山、湖泊、溫泉、高山鐵路、森林等自然景觀，如果只在科州停留，建議行程安排至少7天，首府丹佛市與較近的景點都可以去，如果時間夠長，可以安排到兩個星期14天的行程，知名的景點可以都遊覽，當然想要更深入，不要說14天，一個月都不會嫌短。

科羅拉多州州政府

丹佛國際機場內的各種免費旅遊資訊

7天行程建議

　　首府丹佛市(16街、州政府、米勒庫爾斯啤酒廠)、紅石公園露天音樂廳、上帝的花園、空軍軍官學校、派克峰、大沙丘國家公園、洛磯山國家公園。

14天行程建議

　　上述列出的7天行程外,再加黑峽谷國家公園、梅薩維德國家公園、百萬公路、帕格沙溫泉、杜蘭戈、艾文斯峰、喬治鎮火車、格蘭伍德溫泉、皇家峽谷火車及大吊橋、艾斯奔。

參加跟團路線

　　參加「6天5夜」或「7天6夜」的團體旅遊,可以從首府丹佛市出發,第一天多會安排參觀市中心區的州政府,再遊覽紅石公園露天音樂廳,並在丹佛市住一晚,接著前往南達科他州的「總統巨石」,懷俄明州的黃石公園、大提頓國家公園、魔鬼峰、傑克森牛仔城;順道再南下猶他州,遊首府的鹽湖城、摩門大教堂、知名的拱門國家公園,每個人團費約500～600美元,節省時間與省去自己租車開車之苦,有時還有買3送1的優惠(因可4人1房)。

洛磯山國家公園下的湖泊

大沙丘國家公園

魔鬼峰

黃石公園

參加當地的旅行社團體旅遊也是一種選擇

各景點都設有遊客服務中心提供各種旅遊資訊

15

科羅拉多州
State Of Colorado

坐擁最豐富的天然資源

科羅拉多州位在美國的中西部，

在美國建國100年後的1876年加入美國聯邦政府，

因此也稱為「百年建國之州」；

幅員占地是全美第8，約是台灣的7倍半，

但只有約台灣2,300萬人口的22%，

即約500萬人，是美國人口數排名第22的州。

懷俄明州Wyoming

13
789

汽船泉市
Steamboat Springs

洛磯山國家公園
Rocky Mountain National Park

40

34

熱硫泉溫泉市
Hot Sulphur Hot Springs

40

13

科羅拉多州 Colorado

40

13

139

格蘭伍德溫泉市
Glenwood Hot Spring

70

82

艾斯奔
Aspen

285

猶他州
Utah

70

82

24

24

科羅拉多國家地標
Colorado Monument

133

50

92

黑峽谷國家公園
Black Canyon Of Gunnison National Park

50

90

藍桌水壩州立公園
Blue Mesa Reservoir

90

銀鎮
Silverton

大沙丘國家公園
Great Sand Dune National Park

491

550

杜蘭戈
Durango

帕格沙溫泉市
Pagosa Hot Springs

160

491

160

梅薩維德國家公園
Mesa Verde National Park

亞利桑那州
Arizona

新墨西哥州
New Mexico

科羅拉多州地圖

內布拉斯加州Nebraska

287

25 85

14

138

6

34

287

71 76 61

6

34

36

6 70 ● 首府丹佛市
Denver City

36

36

285

85

71

86

70

城堡木峽谷
州立公園
Castlewood Canyon
State Park

24

287

40

40

● 科羅拉多泉市 94
Colorado Springs

71

385

堪薩斯州Kansas

佳能城
Canon City 25

50

10

350

160

25

160

36

470

93

25 丹佛國際機場
Denver International Airport

米勒庫爾斯啤酒廠
Miller Coors Brewery

76

76 270

70

飛機博物館
Winds Over The Rockies

225

74

85

紅石公園露天音樂廳
Red Rocas Amphitheater

25

470

470

櫻桃溪州立公園
Cherry Creek
State Park

查特菲爾德州立公園
Chatfield State Park

羅克斯伯勒州立公園
Roxborough State Park

新墨西哥州New Mexico

奧克拉荷馬州Oklahoma

關於科羅拉多州 About Colorado

「**科**羅拉多」這個名稱的英文「Colorado」是從西班牙文直譯而來，意為「大紅色」，這個州早年由最原始的海底地層擠壓凸出地面，風化後的紅色石板塊層層疊疊，每當夕陽西下，豔紅的晚霞反射在河床的這些石礫上，通紅一片，州之名由此而來，此外，也因地層的隆起形成美國最大的洛磯山脈，更成為美國海拔最高的一個州。

很多人都聽過流經大峽谷的「科羅拉多河」，但對科羅拉多州卻感到陌生，可別小看，這個州過去有很多輝煌驕傲的年代，現在更擁有很多最多、最大、最高，或第一的頭銜喔！

科羅拉多州與台灣非常友好，早在1983年5月5日就締結為「姐妹省」，但後來「台灣省」精省廢除「台灣省」，另台灣是科羅拉多州第5大出口國，以太陽能板等高科技器材原料輸往台灣為最大宗。

淘金熱與牛仔興起之州

洛磯山黃金發掘與牛仔全盛時期，促使美國人口大量西遷至洛磯山麓聚居成城，全世界最大型的牛仔圈捕表演比賽(The Western Stock Show)，自西元1869年起每年都在科羅拉多州的首府丹佛市舉行鬥牛和馬技競賽！

礦裡運金載銀出山的窄軌蒸汽火車，大多由中國最早期移民所建造的，至今還大數保留完整，並發展為觀光火車的銀礦古城——萊德維爾(Leadville)，位在海拔3,094公尺山上，更是美國境內最高海拔的城市，在當時還曾一躍為科州第二大城。

萊德維爾當時更繁榮富有到連州政府建築物內部裝潢，全由這個城市提供目前已停止生產的大紅色大理石，一塊塊切割磨光安裝，費時6年(1894～1900)才完工，州政府拱圓型的屋頂金光閃閃就是用黃金打造，而美國兩大製幣廠之一(U.S. Mint)，也因當時金銀盛產而在丹佛市設廠鑄造。

❶ 杜蘭戈窄軌蒸汽觀光火車很受觀光客喜歡
❷ 派克峰火車終點站的山頂
❸ 科羅拉多州高山白楊木，入秋橘黃一片美不勝收
❹ 科羅拉多州多平原與草原，常出現美麗的彩虹

1

科羅拉多州內，還有一條和橫跨70號跨州公路平行的科爾大道(Colfax Avenue)，全長42公里，自鑿金時期的牛仔馬車泥巴路，保留至今都還是美國最長的街道！

70號跨州公路的中點站

穿越洛磯山脈的「艾森豪隧道」，全長2,731公尺雖不是最長，但位在海拔3,353公尺上，卻是世界上最高的車行隧道，年輕人過山洞時最常玩比比誰能憋這一整口氣；西行出了隧道，有好幾處知名滑雪場以及號稱是世界

上最大的天然露天溫泉游泳池「格蘭伍德溫泉(Glenwood Hot Springs)」。

美國最陡的柏油公路也在科羅拉多州的境內，這條要開上艾文斯峰(Mt. Evans)的道路，有人也稱是「最險」的路，但沿途的風景秀麗，有如在雲端。

科羅拉多州的地標──洛磯山

洛磯山國家公園 (Rocky Mountain National Park)內的古道嶺(Trail Ridge)──34號公路，是世界上最高海拔的柏油公路！北美洲最大

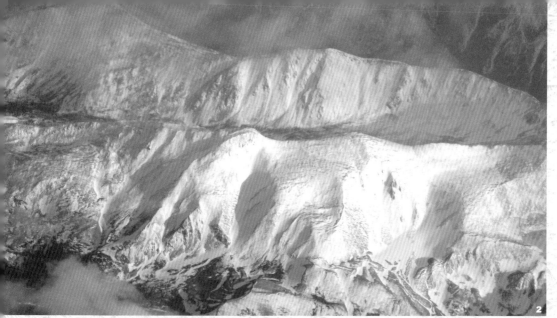

②

③

❶ 艾文斯峰公園
❷ 洛磯山脈的高山景觀
❸ 秋冬的科羅拉多州呈現的是一種沉靜之美
❹ 科羅拉多州多人工湖泊及儲水壩，圖中圓狀為機械收割後的牧草區

④

的山脈——洛磯山(Rocky Mountain)，也是美洲最大分水嶺，從北至南在西部貫穿整個科羅拉多州，成為科州的標誌，科州的車牌就以洛磯山為圖案。

洛磯山將科州的河川分成兩邊，山嶺以東大小溪流注入大西洋，山嶺以西者則匯入太平洋，而流經5個州並在墨西哥灣出海的「科羅拉多河」，更是美國西部主要的水源，這裡一年有300天的藍天白雲，海拔高，感覺距離太陽很近，即使降下了半公尺高的雪，也能在3、4天內被太陽融個精光！

關於科羅拉多州 About Colorado

被譽為第一的環保州

　　科羅拉多州因地處洛磯山的高原，天然資源豐厚，坐擁許多之最，自建州以來一直致力於大自然的保存，也被譽為「第一」環保州！大小20條河在險峻的山中穿梭，也形成千奇百怪的石林，為蓄水而建造不少大小人工水壩，再加上有名的美國中西部大草原，科州有近三分之一的土地劃為公園、森林或野生動物保護區，公園規畫密度和面積在美國各城市中都是排名第一！

❶ 梅莎維德國家公園入秋後染紅的大地
❷ 米勒庫爾斯啤酒廠歷年出產的各種啤酒
❸ 百萬公路沿途的風景如詩如畫

全美最有名的啤酒廠

　　科州的水質清徹，加上盛產燕麥，科州也坐擁全美密度最高的釀酒廠，廣闊的大草原則蓄養著聞名的安格斯牛，拜盛產啤酒和超大牛排之名，使美國中西部牛仔壯漢個個都是啤酒肚的身材，也可以算是科州的另一個特色！

↓info
http en.wikipedia.org/wiki/Colorado

丹佛市
Denver City

科羅拉多州
首府

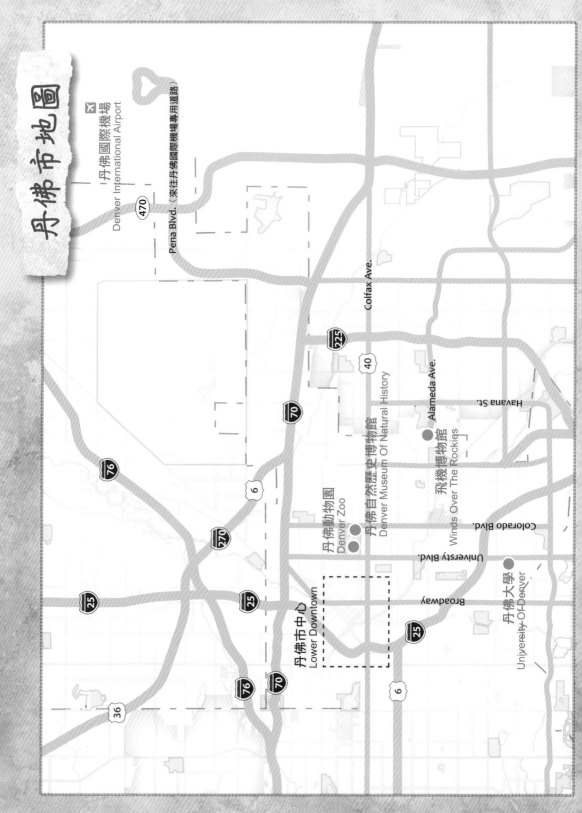

丹佛市地圖

丹佛國際機場
Denver International Airport

Pena Blvd.（來往丹佛國際機場專用道路）

470

225

40

Colfax Ave.

70

76

6

270

25

25

36

76

70

丹佛動物園
Denver Zoo

丹佛自然歷史博物館
Denver Museum Of Natural History

飛機博物館
Winds Over The Rockies

Alameda Ave.

Havana St.

Colorado Blvd.

Universty Blvd.

丹佛市中心
Lower Downtown

Broadway

25

6

丹佛大學
University Of Denver

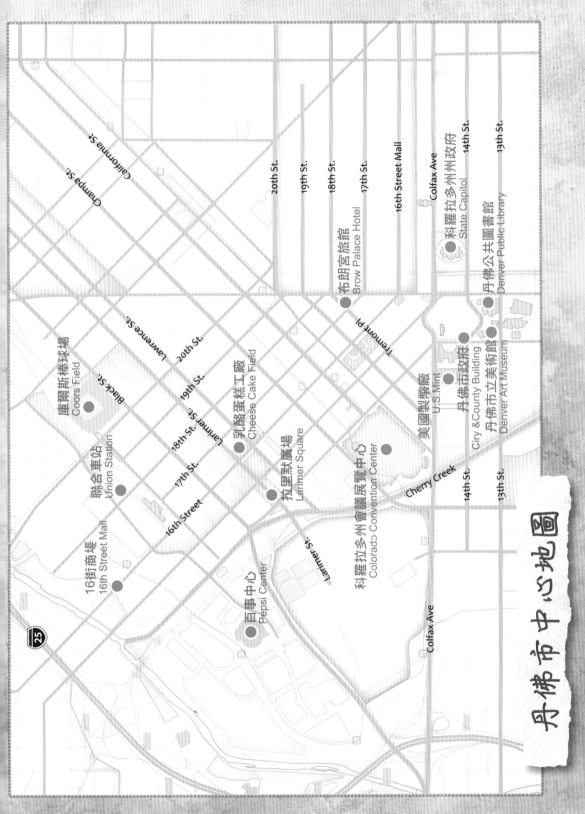

丹佛市中心地圖

庫爾斯棒球場
Coors Field

聯合車站
Union Station

16街商場
16th Street Mall

乳酪蛋糕工廠
Cheese Cake Field

拉里默廣場
Larimer Square

科羅拉多州會議展覽中心
Colorado Convention Center

百事中心
Pepsi Center

美國製幣廠
U.S. Mint

丹佛市政府
Ciry &County Building

丹佛市立美術館
Denver Art Museum

布朗宮旅館
Brow Palace Hotel

科羅拉多州政府
State Capitol

丹佛公共圖書館
Denver Public Library

California St

Champa St

Lawrence St

Larimer St

Black St

20th St.

19th St.

18th St.

17th St.

16th Street

20th St.

19th St.

18th St.

17th St.

Tremont Pl

16th Street Mall

Colfax Ave

14th St.

13th St.

Cherry Creek

14th St.

13th St.

Colfax Ave

25

第一次聽到「丹佛市」這個城市，印象中好像是在電影中，來美國多次，但丹佛在那？丹佛是怎麼樣的城市，感覺陌生，要進到美國中西部，從西岸的洛杉磯或舊金山轉機，2個多小時的航程，飛越皚皚白雪覆蓋的洛磯山脈，就抵達這個位在美國中西部科羅拉多高原上的最大城市，海拔平均1,600公尺，正好是1英里，因此也稱這個城市叫「一英里城市」(Mile High City)。

這裡屬高原氣候，春夏秋冬四季分明，是美國國內旅遊最熱門的城市，觀光是重要產業之一，在併入聯邦政府後，第一大城丹佛市自然也成了首府，在歷史上因對中西部大平原的農牧畜養業上有很大的貢獻，又被稱為草原上的女王城(Queen City Of The Plains)。

兼具美麗、環保之都

「地廣人稀」常是給遊客的第一個感覺，400平方公里的面積，約是台北市面積的1.5倍大，卻只有62萬人口，因為離開擁擠車潮的丹佛國際機場，一路上所見多是空曠的草原，進入丹佛市市中心區後，也不像台北處處是人潮。

丹佛市民是幸福的，因為市民坐擁超過200個大小公園，使丹佛市成為美國公園綠地密

度最高的城市，因海拔高空氣較稀薄，政府嚴格監控空氣品質，使丹佛市也擁有最現代化的公共交通運輸——輕軌捷運，全市1,400公里的腳踏車道，有如蜘蛛網狀在市中心最古老的合流公園(Confluence Park)匯集，讓你更能體驗潔淨又環保的城市之美。

美國最重要的交通樞紐

早年為了因應當時大批採礦工人要下山補給，以及新移民的日常生活所需，1870年從聯合車站(Union Station)出發的丹佛和平線(Denver Pacific Railroad)，以及西聯線連結完工後，丹佛市從此成了美國鐵路交通，在營運輸送和供應補給的最重要大城。

❶16街上都是沒有污染性的交通工具
❷丹佛市多湖公園綠地多，圖為西南邊的休斯頓湖(Huston Lake)
❸穿梭在市區的輕軌捷運
❹市區有不少公共腳踏車(自行車)出租站

「丹佛」的由來 *History*

這個城市成立的很早，為什麼叫「丹佛」呢？派克峰 (Pikes Peak)黃金熱最盛產的時，因位在礦坑山腳平原上，加上淘金者人口大量西移，至洛磯山麓南佩雷特河(South Platte River)東岸逐漸開始聚居而形成了這個小城，當時科羅拉多州尚未加入美國聯邦政府，1858年城市之名就取了前堪薩斯州長之姓，正式命名為丹佛城(Denver City)。

這個城市因為緊靠著洛磯山麓，又位居在美國中西部大平原中，為了因應日益繁忙的交通運輸需要，後來興建了東西向橫跨美國的「70號」跨州公路，穿越洛磯山脈連絡東西兩岸各州，並與南北向的「25號」公路在丹佛(Denver)市中心交會，成為交通重要的樞紐。

即使後來以採礦淘金熱形成的丹佛市，在黃金熱逐漸退潮後，連火車運輸功能也跟著沒落，也仍因有這兩條跨州的公路在此連結，加上後來易地新建的丹佛國際機場，使丹佛市至今仍然是坐擁美國貨運、客運、陸空交通運輸系統最重要的轉運站。

交通最方便的滑雪勝地

丹佛市四周被北美最大的山脈群所環抱，尤其是險峻的洛磯山，冬季形成無數最佳的天然滑雪道，被稱為世上距離大型滑雪場最近且交通最方便的城市，冬季就成了最佳的滑雪天堂，長時間的雪季從11初至翌年的4月，即使全是冰天雪地的世界，但仍為丹佛帶進大量遊客，每年一場又一場的大型國際滑雪比賽接連在此登場。

Notes

歷史上唯一拒辦奧運的城市

丹佛市民曾因擔心過多的滑雪者進入，破壞原有自然環境生態與影響生活，1976年甚至放棄冬季奧運的主辦權，成了歷史上唯一拒絕舉辦奧運會的城市！

⚡*Info*
http www.denver.org

❶ 丹佛市郊可眺望洛磯山脈
❷ 丹佛多晴天，夕陽美景最常見
❸ 市區內歷史悠久的教堂
❹ 丹佛市平均海拔1,600公尺，也即
1英里

戶外休閒運動的最佳去處

當冬雪逐漸融化春天來臨，各地百花盛
開，丹佛市又成了賞花大城，夏天積雪完全
融去，又成了喜愛登山健行者的最佳去處，
雪水注入一條條的溪流，帶來充滿挑戰又刺
激的泛舟(當地稱為「漂流」)，以及露營戶外
活動，在北美地區都是第一選擇，因處高海
拔，到了秋天除了長青樹仍「長青」充滿綠
葉外，到處是黃色的變色樹，如詩如畫般，
讓丹佛有如童話世界。

靠著賭場和牲畜交易開始繁榮，有著無數
西部牛仔電影，是以當時丹佛城作為故事背
景而拍攝的，即使最近幾年，仍有不少電影
仍常出現丹佛。

一望無際的牧場

丹佛市沒有豐富的水源，當年大量淘金者
遷入，在富裕之後又不得不再去克服山中惡
劣的自然環境，回到最近的高原上聚居，藉
著高山融化清徹的雪水，在平原上種植燕麥
和牧草，也把飼養在高原上的牲畜養得肥肥
胖胖的，為丹佛市帶來今天的富裕與繁榮。

當年印第安人賴以為生的大野水牛
(Buffalo)，在都市現代化後仍活躍在大草原
上，每年10月冬季來臨前，在展望山(Lookout
Mountain)還能見得到牠們的蹤影，水牛比爾
博物館(Buffalo Bill Museum & Grave)，詳細
記載展示牠們的演變歷史。

丹佛美術館
Denver Art Museum
富有現代藝術特色的建築

丹佛市保留了從印第安人時期以來的遺跡，還有西部牛仔採礦期，二次世界大戰傳統磚頭樓房，雖然已被現代化玻璃帷幕及鋼筋高樓所包圍，但古代和現代建築融合，讓你有時空的錯覺。

最具代表性，1906年建立的國家製幣廠(U.S. Mint)，與全美最新，海拔最高，最有現代藝術特色建築的丹佛美術館(Denver Art Museum)，兩棟毗鄰的建築，一新一舊，相互輝映，各有其風情特色最為明顯。

Best Of Best

丹佛植物園、城市公園
Botanic Garden、City Park
吸收大自然的芬多精

喜歡植物的，還有全美第5大，占地廣達93,000平方公尺，園內超過3萬株各種植物的丹佛植物園(Botanic Garden)，以及丹佛市第一大城市公園(City Park)，不用花太多的體力，就置身大自然的懷抱中，對這些有興趣，不妨多安排幾天旅程，因為即使花上一整天，絕對是意猶未盡。

聯合火車站
Union Station
歷史悠久，地位褪色

聯合火車站繁忙不再！從丹佛市的和平線(Denver Pacific Railway)，還可以前往北邊俄懷明州的首府——香岩城，再連接到橫貫美國東西早在30幾年前就興建的大陸線，採金熱潮全盛時每天有80班次火車進出，當時還是美國火車歷史上最大的轉運站！

只是火車在公路發達的今天，已逐漸失去過去的地位，目前除了進冬季滑雪區(Winter Park)的火車外，每天只剩美國國家客運火車(Amtrak)至芝加哥或舊金山的唯一一班列車會鳴笛進站！

自然歷史博物館、丹佛動物園
Museum Of Natural History、Denver Zoo

進入《博物館驚魂》的電影中

　　丹佛市有悠久的歷史，許多作家、建築師、藝術家來到這個城市居住，悠閒地走在街上，都能感受那股濃厚的人文氣息，自然歷史博物館記錄著恐龍時期以來的大小生物，走進探索，有如看了一本活生生的自然課本，參觀博物館後再前往全美排名第4大的丹佛動物園(Denver Zoo)，感覺剛看過的栩栩如生的野生動物標本好像都活了過來，讓人想起《博物館驚魂》這部電影。

庫爾斯球場
Coors Field

最容易打出全壘打的球場

　　緊臨火車站東北兩個街口，以銀彈啤酒品牌命名能容納5萬人的庫爾斯球場(Coors Field)，是大聯盟洛磯棒球隊(Rockies)的本營，因為丹佛市海拔高，地心引力比平地弱，空氣稀薄，阻力小，庫爾斯球場因而在球界被譽為最容易打出全壘打的球場！

　　東行至市場(Market Street)站，幾個街口都是從黃金熱潮時期即最繁榮的舊市中心──拉里默廣場(Larimer Square)，這裡酒吧林立，百年前牛仔們騎馬停靠休憩時的場景好像重現眼前！

吃喝玩樂ⁿ丹佛

丹佛表演藝術中心
Denver Performing Arts Complex

美國第二大的表演中心

　　占城(Champa Street)站口往西南的14街上，坐落於紐約林肯中心美國第二大表演藝術中心(Denver Performing Arts Complex)，占地49,000平方公尺，大圓玻璃屋頂下提供10個大小表演場地，超過1萬個座位，為百老匯歌舞劇、世界各管弦樂團、舞蹈、合唱團的必表演場地！其中的波尹雀廳(Boettcher Concert Hall)更是美國第一座圓形音樂廳，所有座位環繞舞台不超過20公尺，聲光絕對是震撼！

牛排大餐
Steak

厚切又多汁的草原名產

　　餐館用當地生產的乳酪和牛絞肉，推出全世界第一個乳酪漢堡，因此來到這個早期的「牛仔城」，記得要嘗嘗又厚又大又多汁的大草原名產「安格斯牛排」，以及早期印度安人的主食來源──大水牛，在市中心16街，拉里默廣場的餐廳都有提供「安格斯牛排」及「水牛特餐」，別有風味！

Best Of Best 吃喝玩樂in丹佛

布朗宮
Brown Palace

總統級百年歷史老飯店

在百老匯街(Broadway)往北走，以17街交叉口為中國近代歷史上有名的布朗宮(Brown Palace)大飯店！淘金時代是丹佛最大最豪華的飯店，當時400間房間，最貴住房費一晚為5美元，早年挖了220公尺深的深井，到今天都還在繼續供應旅館的用水，廚房裡還有歷史寶物──世上僅餘的最原始烤箱。

旅館內部採用超過1,150平方公尺的紅色瑪瑙，在當時可是旅館建築史上的紀錄保持者！布朗宮大飯店也被稱為「美國總統旅館」，除了柯立芝(Coolidge)外，從羅斯福(Teddy Roosevelt)以後的歷任美國總統皆造訪過或住過！

大黑熊
I See What You Mean By

丹佛市最有名的地標

走到鄰近的14街上，你一定會被一隻大黑熊嚇到，這隻有12公尺高的美國大黑熊，把牠的鼻子和大手掌貼在一棟大樓外，這座丹佛市最有名的戶外裝置藝術，取名為「I See What You Mean By」，隔著玻璃好奇的探著頭往建築物內看，這棟大樓正是科羅拉多州會議展覽中心(Colorado Convention Center)，在2004年擴建完成，20萬平方公尺的展場，每年主辦超過400次大小展覽，也是丹佛市中心最重要地標！

華人觀光據點 ✍History

1911年辛亥革命前夕，孫逸仙博士(Dr. sun Yat-Sun)就住在布朗宮大飯店的312房，那天下午他在市中心中國餐館為推翻滿清政府舉辦募款演講，隔天還未退房就收到起義的消息，匆匆回國，從此布朗宮大飯店就把312房改名為冠冕廳(Coronet Room)，保留原有浴廁等設施，也把當時孫逸仙先生入住在櫃檯房客簽名簿的簽名等相關史料，懸掛在房門旁，為歷史作見證，如今更成了華人的觀光據點！

➡ 從聯合火車站Union Station前往，位在第16街上

派拉蒙戲院
Paramount Theatre

美國最古老的電影院

在加利福尼亞(California Street)站口的丹佛遊客中心,提供科羅拉多州最完整的旅遊資訊。格蘭納(Glenarm Place)路口上,有一座可容納1,870個座位,在1930年開幕的派拉蒙戲院(Paramount Theatre),也是美國國家註冊認證最古老電影院,戲院其實已是一座歷史古蹟!

4大運動賽事
Sports

球賽迷別錯過

丹佛人民熱愛運動,也是全美資源最富裕的體育城市,擁有8支不同聯盟職業球隊,10年內建造了洛磯棒球隊(Colorado Rockies)的庫爾斯球場(Coors Field),金磚籃球隊(Denver Nuggets)和雪崩冰棍球隊(Colorado Avalanche)的百事中心(Pepsi Center)及野馬足球隊(Denver Broncos)的體育權美式足球場(Sports Authority Field),3大球場位在同一城市也是體育界創舉。

乳酪蛋糕工廠
Cheese Cake Factory

多種口味,品嘗兼享受

來到拉里默站街口的乳酪蛋糕工廠(Cheese Cake Factory)則是一定要嘗的甜點!1940年起,歐弗頓夫妻為了撫養兩個兒子,在底特律家中的地下室開始烘烤販售,目前超過170家分店,多達200種各式餐點,一直是家喻戶曉美國創業夢最感人的故事!

這家餐廳的店內裝潢都是以金銅色為底,金壁輝煌,讓你如置身宮殿內,高貴典雅舒適的挑高空間,環抱著羅曼蒂克的燈光,進口處玻璃櫥窗內擺著近30種不同口味乳酪蛋糕,讓你眼花撩亂也讓你垂涎三尺,看了都開心,不想用餐也會耐心排隊一定要買來品嘗!

購物商場
Shopping Mall
必敗血拼天堂

位在美國中西部,不同於東西兩岸城市都需中途轉運,相對的丹佛市運費較便宜,零售稅率低,使丹佛市也成為購物天堂,除16街,最著名的是離市中不遠的櫻桃溪精品商場(Cherry Creek Mall),以及知名較廉價的城堡石精品工廠直銷商場(Castle Rock Outlet Stores),都是遊客「血拼」購物的必到之店。

Notes

高貴不貴的頂級美食

這是一家很有古典風格的高級餐廳,但消費大眾化,你也可以只點乳酪蛋糕等甜點、冰淇淋或飲料,也可以好好品嘗享受一客牛排大餐。

http www.thecheesecakefactory.com
➡ 1201 16th St., Denver, CO 80202
☎ (303)595-0333
🕐 週一～四11:00～23:00,週五～六至00:30,週日至22:00

16街商場
16th Street Mall

擁有30年歷史的美麗街道

如今在繁華的大街上仍可見到馬匹，
從你的身邊漫步而過……

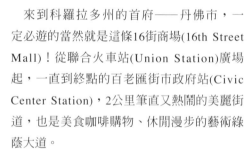

來到科羅拉多州的首府——丹佛市，一定必遊的當然就是這條16街商場(16th Street Mall)！從聯合火車站(Union Station)廣場起，一直到終點的百老匯街市政府站(Civic Center Station)，2公里筆直又熱鬧的美麗街道，也是美食咖啡購物、休閒漫步的藝術綠蔭大道。

從1982年開闢後，30年來一直是丹佛市最主要「商業標地」，最熱鬧的一條街道，有美國4大百貨公司，有超過300家的大小商家賣店，還有28個戶外用餐區，以及50家以上的大小連鎖餐廳！

這條街道也是一條「徒步街」，為確保遊客在逛街時的安全，禁止一般車輛進入(當然警車救護車例外)，走累逛累了也沒關係，有公共的油電環保公車穿梭整條街道，約每90

秒就有一班，每個街口都有站牌，最重要的是免費，想搭幾次都OK，不想用走的也可搭著遊覽。

古今融合的街景

　　街道也是「馬路」？除了公車，「馬車」也在其中，這個早期由牛仔城發跡的城市，如今在繁華的大街上仍可見到馬匹，就從你的身邊漫步而過，抬頭一望不見牛仔，而是英俊帶著笑容的巡邏警察在向你打招呼，沿途還有古代豪華的觀光馬車，以及人力三輪車，隨時可以載你遊街，不過別忘了先問好價錢再上車，這可不是免費提供的！

4

❶ 16街兩旁是商店，中央有條綠廊
❷ 仿古的馬車是逛16街的交通工具之一
❸ 很具創意的裝置藝術成為美麗的街景
❹ 16街商場一帶大樓林立
❺ 穿梭在16街上的免費環保公車
❻ 百年歷史的老飯店「布朗宮」

2

3

5

6

來到這，逛街購物或享受美食喝下午茶，是最佳的去處，兩旁街道商店林立，中央是條長長的綠廊，夏日綠樹成蔭，擺設的各種盆景百花齊放，讓人心曠神怡，入秋後，滿地落葉，到了冬天，光禿的樹枝，則掛滿七彩繽紛的耶誕節大小燈飾，成排的聖誕樹入夜後美麗耀眼，有如時光隧道！

免費的環保油電公車，可以直接坐到丹佛聯合火車站，和丹佛輕軌捷運網連結，提供更便利的進城或出城交通工具，這座在1881年就興建的的聯合火車站，就位於16街的最西站，還可連接到美國中西部6條鐵路支線前往美國各地。

INfo

http www.16thstreetmalldenver.com

✉ 1001 16th St., Denver, CO 80265

☎ (303)534-6161

❶ 16街上的餐廳與美食
❷ 最受歡迎的商業午餐有三明治、沙拉及湯
❸ 乳酪蛋糕有30幾種口味
❹ 16街上人來人往，熱鬧卻不擁擠
❺ 遊客最愛的露天咖啡座

丹佛國際機場
Denver International Airport

美國面積最大、全世界第二大

美國營運最佳的機場
連續6年商業旅行票選
北美洲最棒的機場

進入美國中西部，位在科羅拉多州首府丹佛市的丹佛國際機場，是進入中西部旅遊的第一站，不管從哪個州的機場搭機，丹佛國際機場成了重要門戶，機場之大，讓你有如進入迷宮般。

這座新機場，位丹佛市中心東方40公里，占地廣達140平方公里，1995年2月28日完工啓用，在全美機場中擁有全國最長的商業跑道，也是美國面積最大、世界第二的機場，僅次於世界第一的阿拉伯法赫德國王國際機場。

每年超過5,200萬遊客在丹佛國際機場進出，以旅客流量計算，爲世界第11大忙碌的機場，如果以飛機起降的流量，則是世界第5，這座機場位在海拔1,600多公尺的高山平原上，它可是時代雜誌認證的美國營運最佳的機場，連續6年贏得商業旅行票選北美洲最棒的機場，更是美國唯一全機場採用ISO14001認證的環保經營系統。

丹佛國際機場寬敞的大廳

39

❶ 大廳內的大壁畫
❷ 被譽為科羅拉多州飛航英雄的傑普森的雕像
❸ 丹佛國際機場獨特造型的外觀像一頂頂的印第安帳篷
❹ 丹佛國際機場大廳
❺ 5星級的盥洗室

有如洛磯山脈的外型

　　喜歡到世界各國旅行的遊客，對機場都會留下深刻的印象，到過各地旅遊的人，來到丹佛國際機場，第一眼一定被它特殊的外觀所吸引，遠觀就像山頭飄滿皚皚白雪的洛磯山脈，但乍看之下又像印第安族的帳篷(Teepee)，都是代表科羅拉多州的象徵，呈現的是美觀又有藝術的風格，這可是當代名建築師柯蒂斯芬特雷斯(Curtis Fentress)大膽設計的代表作，被認為是世界一大奇觀。

　　裝置有大量太陽能板的丹佛國際機場，從步行天橋可直接從航廈到A大廳，另有地下電車捷運連結A、B、C三大棟，旅客進入B、C兩大廈必須搭地下電車捷運，方便旅客轉機及提行李，抵達入境的旅客，目前只有機場巴士可以轉乘到丹佛市區，或是在機場租車方式展開旅遊行程，丹佛輕軌正在興建連結到機場的路線。

機場外一座巨型的野馬雕像，總會吸引遊客多看一眼，好奇它有什麼意義？原來是代表科羅拉多州知名「野馬隊」足球隊(Denver Broncos)，用足球隊的藍色作為馬身的藍色外觀，眼睛會發出紅光，馬身顏色及設置地點都引起當地很大的爭議。

但這座號稱美國最現代化、最環保、造價最昂貴的丹佛國際機場，啟用以來，一直有各種傳言，包括機場原址是集中營，也有一說指地下是一座祕密的軍事基地，但也有人讚稱這座機場「清新脫俗」，尤其是整座機場的設計與造型，無論是在航廈內抬頭望著天花板，或是離開了機場在外頭遠眺，獨特的「白」，意境之美讓人印象深刻。

❶ 丹佛市強調重視環保的標示
❷ 機場外的藍色野馬雕像是丹佛野馬足球隊象徵
❸ 丹佛國際機場巴士站
❹ 丹佛國際機場大廈的夜景更像印第安族的帳篷

↯INFO

http www.flydenver.com

✉ 8500 Pena Blvd., Denver, Colorado 80249

☎ (303)342-2000

➡ 70號跨州公路在285公里處轉Pena Blvd，也可以走州470號公路

外觀奇特，留影新夯點

Tips

丹佛國際機場非常大，建築又非常奇特，常是遊客最喜歡留影的地點，雖然也是一個很有名的景點，白天或晚上都很美，但很少有遊客專程來參觀，你有機會搭機從這裡入境或出境，可以花點時間參觀，大廳內也經常有展覽，裡頭也有不少咖啡廳及小吃店，候機時間夠的話，不妨坐下來品嘗。

科羅拉多州州政府
與丹佛市政府
State Capital & City Hall

富麗堂皇的最高州政府

　　科羅拉多州的州政府設在首府丹佛市，說巧不巧，州政府的廳舍就正好建在海拔1英里(5,280英尺，1,610公尺)的地基上，也是全美國50個州中海拔最高的州政府，參觀州政府時，從正門進入時，你可以特別留意，位在第15個階梯上還特別有標示「One Mile Above Sea Level」，成了遊客與觀光客必定要參觀與拍照之處。

　　州政府興建的經費非常高，正上方的圓頂鑲有200盎司的金泊片，而大廳內全採紅色的大理石砌牆而成，四周環繞的牆壁上全是一幅幅的大油畫，這在全美的州政府中具並不多見，有其特別的意義，象徵早期淘金全盛時期，帶動了整個城市的發展。

州政府與市政府面對面，
很特別也很有趣

如果想進入參觀，週一至週五有開放免費入內，也有免費志工導覽，但需事先預約，大廳內經常有活動，參觀時還巧遇一批年長者穿著很正式的傳統服裝在跳「四方舞」，隨著音樂婆娑起舞，優美的舞姿，讓人讚嘆連連，但也像早期回到西部牛仔的年代。

進入大廳與各層樓，你會發現非常富麗堂皇，樓梯扶手還全用金銅色裝置，連飲水機也是金銅鑄造，記得去喝口水，拍張照片，絕對找不到第二個州政府裡頭到處如此「金光閃閃」，也可以走到頂樓向外眺望附近的丹佛市景，以及遠方的高山景色，天氣晴朗時，最遠可以看到懷俄明州的州界，距離在200公里以上。

科羅拉多州的州政府，正對面是丹佛市政府，兩棟建築面對面，市政府的建築一看就知道比較「年輕」「現代化」，兩棟建築之間有花園綠地及廣場，只要有重大節慶活動，都會在此廣場舉行，每年的耶誕節前夕，各種大小燈飾掛上，入夜後成了耀眼的不夜城。

⤵ **INfo**

http www.colorado.gov/capitoltour

✉ Capitol Visitor Services 200 E Colfax Ave., Denver, CO

☎ (303)866-2604

➡ 位在東第14街與E.Colfax Ave 兩街道之間，並與Grant St.的交岔路口上

節日人潮多、更熱鬧 Tips

這裡是丹佛市區最多遊客的地方，經常有遊覽車帶來大批遊客，主要都是來參觀州政府美麗建築，裡裡外外都很值得一看，市政府是新建，但因年代不古老，遊客比較沒有興趣去看，這廣場遇到節日如聖誕節前後，更是人潮，國慶日、感恩節也很熱鬧，廣場四周還有草地公園，可以悠閒地逛上老半天，但市政府州政府星期六日都不辦公，沒有開放。

❶ 州政府廣場
❷ 州政府廣場上的紀念雕像
❸ 州政府廣場附近的各種公共裝置藝術

❶ 丹佛市政府
❷ 州政府中堂大廳內經常有活動表演
❸ 科羅拉多州州政府內部建築與裝潢可說「金碧輝煌」
「金光閃閃」，讓人看得目眩神迷
❹ 州政府內的飲水機是用金銅材質打造
❺ 科羅拉多州州政府建築有相當歷史與意義

1

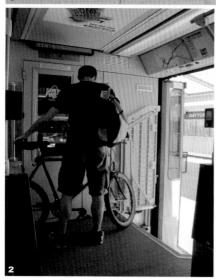

2

丹佛輕軌
Metro Light Rail

最方便的大眾交通工具

科羅拉多州首府丹佛市是全州唯一擁有輕軌的城市，但因大部分的市民普遍喜歡自己開車，因此輕軌、公共汽車(巴士)在丹佛市並不是「熱門」的大眾交通工具，不像台北捷運如在擠沙丁魚般，旅遊各景點仍以開車方便，輕軌與公車只能當做一種旅遊體驗，比較與其他國家城市的輕軌或捷運有什麼不同。

丹佛市的輕軌看起來有點像火車，行駛的路線大多沿著高速公路兩旁，既無高架也沒

不一樣的體驗！丹佛輕軌行走地面，
沿途欣賞美麗的城市風光

搭輕軌免塞車

Tips

丹佛輕軌主要是提供進出城市避免塞車的大眾交通運輸，行駛路線大多是沿著高速公路而行，要進入丹佛市可以多利用，車停在轉運站，再換搭輕軌，可以體驗，上下班尖鋒以外的時段乘客較少，單車也可以免費上車，車票都在車站的自動售票機購買，沒有24小時營業。

有地下，之所以要建在高速公路旁，主要是疏解經常塞車的高速公路，提供較短程或想進城的民眾搭乘，將車輛停放在轉運站，再換搭輕軌或公車，是一種很方便的選擇。

5條路線，車班密集

輕軌車班密集，車站很多，也少見擁擠的乘客，非常方便，想從哪裡搭就從該站的自動售票機購買車票，這裡沒有像台灣台北捷運或高雄捷運，有出售卡片或一日通之類的票，營運時間從清晨到深夜，腳踏車也可以上車，不另收票。

丹佛輕軌共有5條路線，分別用英文C、D、E、F、H代表，總長約39.4英里，共設有36個車站，每站收費約1.5美元，並不便宜，民眾最期待的從丹佛國際機場到市中心的輕軌則還在興建中。其實，除了輕軌，公共汽車(巴士)很方便，也有機場直達快線可搭，超過1,000輛在丹佛市38個區穿梭來往服務民眾，巴士司機很熱情友善，遇有外來遊客都很願意指引服務。

❶ 丹佛市的輕軌與車站
❷ 輕軌可以攜帶自行車(腳踏車)上車
❸ 輕軌上禁止飲食、吸煙、玩牌、播放音響
❹ 各路線與班次時刻表
❺❻ 穿梭在丹佛市區的輕軌捷運

↓INFO
🌐 www.rtd-denver.com/lightrail
➡ 沿著市區各主要高速公路旁都可見到各站牌

丹佛自然歷史博物館

Museum Of Natural History

館藏豐富的科學教育中心

為旅遊增添更多的收獲，
給你不同的旅遊情境

　　丹佛自然歷史博物館，就位在丹佛市中心東邊，著名的科羅拉多大道之西，和丹佛動物園相鄰，附近還有一座很大的市立公園環抱，前來參觀博物館，時間充裕的話，還可以順遊動物園，以及美不勝收的市立公園，在湖畔悠閒散散步。

　　有4層樓的博物館，展場廣達5萬平方公尺，共收藏超越100萬件的各種單細胞生物、各種昆蟲、爬蟲類及野生動物的實體標本，因館藏非常豐富，也是人類歷史進化的活教材，因而成為洛磯山地區最具規模非正式的科學教育中心。

走進博物館，首先在眼前的是一塊巨大的看板，用包括中文字「歡迎」在內的各國文字，歡迎各國的遊客來訪，丹佛自然歷史博物館屬美國博物館聯盟的一員，如果買博物館的年票，可以免費到紐約、舊金山等地的博物館參觀，不必再另買門票。

各種大型展覽，解說詳盡

博物館經常有各種大型展覽，也有常態的展覽品，像入口處巨大的「埃德蒙頓恐龍」骨架，雖然只是標本，但卻是一比一製作，栩栩如生，而每個廳的展覽品，分類詳細，展列著由史前單細胞生物，逐一演化的無數昆蟲、動物、礦石，甚至外太空的奧祕，也全在展覽之內。

實體標本，製作精細，解說都非常詳細，就像一本活的教科書，學名、俗名都標示，每參觀一次，總能多了解一些，記得幾個名稱，讓你有如回到中古時代，探索自然界的奧妙，身歷其境，也不虛此行！

百萬年恐龍館一直是學童小朋友的最愛，埃及館內有兩座躺著木乃伊的石棺，也是遊客必造訪的展館，不必大老遠跑到埃及才可以觀看，而大型哺乳動物展館前，也總是擠滿人潮，昆蟲蝴蝶館裡的標本，數量之多，則是美國之最，「蓋斯天文館」介紹著3D大宇宙奧祕，「菲普斯」IMAX戲院，天天放映著時熱鬧的立體電影！

❶ 自然歷史博物館入口處用各國文字寫出歡迎，以及千萬年的恐龍標本
❷ 自然歷史博物館與市立公園
❸ 市立公園內美麗的湖泊
❹ 博物館內的書店也是遊客的最愛
❺ 專為幼童設計的展館，可以親近栩栩如生的各種動物模型

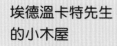

埃德溫卡特先生的小木屋

博物館的前身只是一間小木屋，屋主是畢生奉獻在科學解析法，以及研究鳥類，和哺乳動物進化史的自然學家的埃德溫卡特先生(Edwin Carter)，他在1900年將居住的小木屋提供作為博物館，至今館裡還收藏著許多他已百餘年歷史的的文物。

寓教於樂，親子共享

這是一個以教育為最主要功能的博物館，來到這裡，你會發現參觀的民眾大多是孩童，父母親最喜歡帶小朋友來這，展出的內容是老少咸宜，也有各種影片可觀賞，大熱天最多人來參觀，可以「避暑」，參觀博物館後如果是傍晚時刻，博物館外就是一座美麗的市立公園，大片綠地與處處是花木，圍繞著湖，免費參觀。

Tips

⬇*INfo*

🌐 www.dmns.org

✉ 2001 Colorado Blvd, Denver, CO 80205

☎ (303)322-7009、 (303)370-6000

➡ 70號跨州公路轉2號公路的Montview Bd

🕐 週一～日09:00～17:00

休 聖誕節、重大節日

💲 成人$13，孩童$8

❶ 博物館也有活體動物展覽　　❺ 展示櫥窗內有各種動物一比一的標本
❷ 博物館的探索太空館　　　　❻ 野生動物標本栩栩如生
❸❹ 丹佛市立動物園耶誕節夜景

1

丹佛美術館
Denver Art Museum

擁有全世界各國民族文化藝術品

　「這是一個很友善的美術館」。一般提到「美術館」，給人的印象多是充滿藝術的空間與藝術品，處處見到各種警語或標示，展場中的嚴肅氣氛，即使看不懂藝術也要假裝很有興趣，「丹佛美術館」與其他美術館則不同。

　1890年代建立的丹佛美術館，館藏品超過4萬

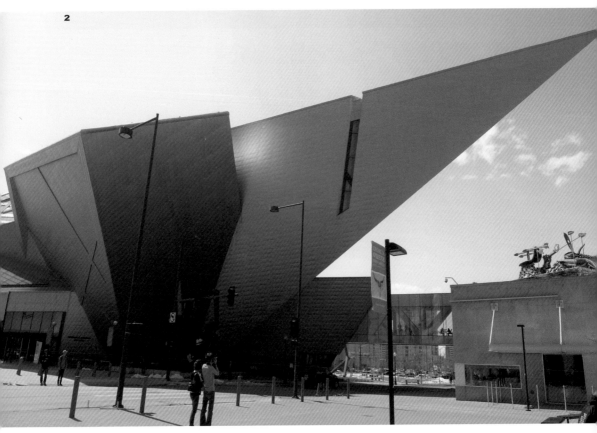

2

件，是全美國少有同時擁有全世界各國各民族文化藝術品的美術館，尤其是印第安族的文化藝術更是首屈一指，相當完整豐富，除不定期的展覽活動，美術館也是一個以親子教育互動，寓教於樂的場所，當地的居民是常客，反而遊客並不多。

丹佛美術館在2000年曾被美國假日旅遊雜誌評為「讓人舒適並提供需求」美術館最佳典範，包括館內設的探索圖書館，提供收藏、藝術、研究、展示、教育，讓參觀者放鬆心情，好玩有趣，用最友善的方式來輕鬆舒適探索藝術的文化

世界，讓你留連忘返。

位在科羅拉多大道上的丹佛美術館，附近還有州議會、16街購物商場、自然與歷史博物館、植物園、公共圖書館、丹佛表演藝術中心及製幣廠。

❶ 市立圖書館長廊
❷ 丹佛美術館新建的展覽館
❸❹ 丹佛美術館的舊館

↓ info

🌐 www.denverartmuseum.org

📞 (303)370-6000

➡️ 位在丹佛市第14街上，接近 Broadway的路口

🕐 週二～四，10:00～17:00，週五至20:00，週六、日至17:00，每個月第一個週六免費入館

休 週一

室內不可攝影、觸摸

Tips

參觀美術館可分室內與室外，室內展場作品多，不定期有各名人作品展出，也有不少固定的作品，可以挑自己喜歡或有興趣的先參觀，注意不可攝影、觸摸；室外也有不少巨大的裝置藝術品，提供遊客觀賞外，最主要也是讓遊客拍照，可以挑適當的時間拍攝更有美感。

雖然不是藝術家，但這些藝術作品都會吸引你停下欣賞

紅石露天音樂廳
Red Rocks Amphitheater

利用巨石打造天然舞台

「全世界最棒的露天音樂廳！」抬頭向上一望，整齊劃一的座椅，拾階一步步而上，再回頭往下看，哇！9,450個座位，就坐落在兩大紅色巨石間的山谷，是座劇場也是座公園，四周層層相疊的紅色巨石環繞，它有個很好記的名字就叫紅石公園，來到美國中西部的科羅拉多州，都會造訪這個就位在首府丹佛市近郊的知名觀光勝地。

紅石公園(Red Rocks Park)，位在離丹佛市約24公里的山中小城鎮莫里(Morrison)，從70號跨州公路西行在259號出口前往，沿著山路而上，映入眼簾的是片片工整的紅石，夾雜在綠林中，一塊又一塊的斜插在地面，似曾相識的造型讓你多看幾眼想了又想，鬼斧神工更讓你嘆為觀止。

這裡原是「尤特印第安族」的家園，壯麗奇景過去一直被稱為天使的花園(Garden Of Angels)，和科羅拉多州南邊科羅拉多溫泉市的上帝的花園(Garden Of Gods)，都是因地質結構相同又多是紅色巨石而有相似的名稱。

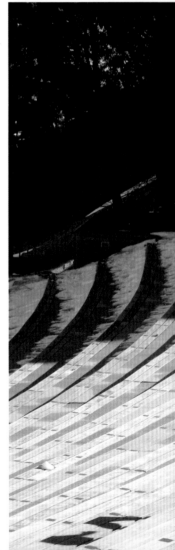

紅石公園的命名

History

1906年一位渥克先生(John Walker)認為有發展觀光潛力，買下土地開發，也辦過音樂會，還改名為巨頭花園(Garden Of The Titans)，卻沒有帶來觀光熱潮。直到1928年，丹佛市政府以近5萬5千美元購得約3.5平方公里的土地，併入城市公園開發，再改回民眾一直喜歡並慣用的「紅石公園」。

❶ 紅石露天音樂廳入口的導覽地圖
❷ 紅石公園處處是巨大的紅石巨岩
❸❹ 利用自然地形打造的露天音樂廳

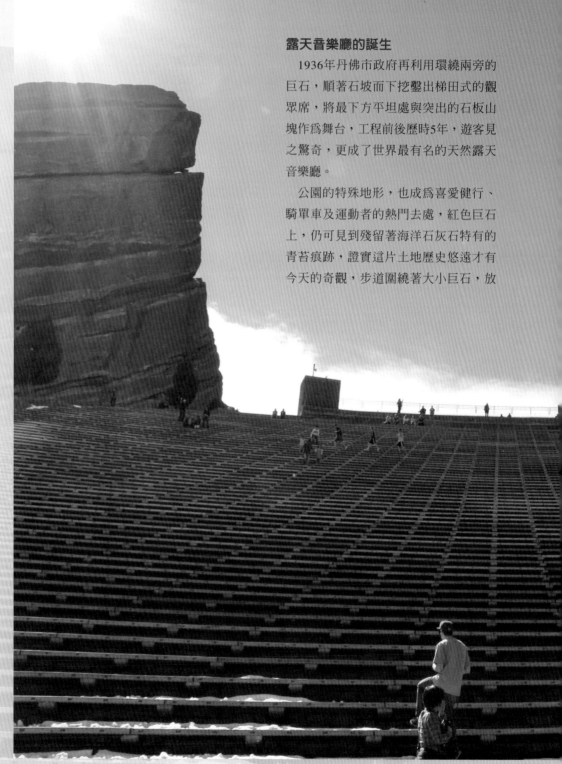

露天音樂廳的誕生

1936年丹佛市政府再利用環繞兩旁的巨石，順著石坡而下挖鑿出梯田式的觀眾席，將最下方平坦處與突出的石板山塊作為舞台，工程前後歷時5年，遊客見之驚奇，更成了世界最有名的天然露天音樂廳。

公園的特殊地形，也成為喜愛健行、騎單車及運動者的熱門去處，紅色巨石上，仍可見到殘留著海洋石灰石特有的青苔痕跡，證實這片土地歷史悠遠才有今天的奇觀，步道圍繞著大小巨石，放

慢腳步細細觀賞造物者的神奇，站上展望台，天氣晴朗時可遠眺到洛磯山高原，更能清楚看到丹佛國際機場大廳上獨特的印第安人白色大帳篷！

走進舞台下方依地形設置的遊客中心，從模型、簡介更能了解到紅石公園怎麼打造出來的，我雖然還沒有機會親自來聆聽過音樂會，但展示牆上，貼滿了歷年曾在這裡舉辦過演唱會的照片、海報與劇照，也讓我一睹感受到那時候的盛況。

音樂會演出當天謝絕參觀

　　每場演唱會的票貴到嚇人，過去人們也知道不購票進場同樣能聽到最棒的演唱，1964年請來當時最有名的披頭四(The Beatles)，盛況空前，但卻是場外爆滿，打破了披頭四過去每一場演唱會門票都賣完的記錄，從此，只要有音樂會的當天，公園一定「謝絕參觀」，連大門都進不去的！

　　我第一次踏入這個公園，巧遇來自大陸新疆知名的劇團，團員安排到紅石公園內的紅石露天音樂廳(Red Rock Amphitheatre)參觀，20多名團員大方走上舞台，沒有伴奏也沒有麥克風，清唱起他們的傳統民謠，我和其他的遊客都停下腳步屏息聆聽，曲畢，安靜了幾秒後大家掌聲響起，安可聲不斷，好像也彌補了我欣賞到一場音樂會，能身歷其境而沒有遺憾。

↓INfo

🌐 en.wikipedia.org/wiki/Red_Rocks_Park、
　 www.redrocksonline.com
✉ 18300 W Alameda Pkwy, Golden, CO 80401
☎ (720)865-2494
➡ 丹佛市走25號州際公路，在209公里處接6號公路，走一段70號跨州公路後，再接上470號公路

先了解音樂廳
結構再參觀

Tips

不論什麼時候前來，遊客外，總是有不少人來此運動，常見露天音樂廳的上千個座椅上，有人跑上跑下，聽說在訓練肺活量，只是我們來此參觀，不論從上面往下走，或是由下往上「爬」，卻都是氣喘如牛，建議先去遊客中心，了解這座露天音樂廳如何建立，再去參觀。此音樂廳在沒有舉辦音樂會活動時沒有管制，否則想進來，還得花一張音樂會的高額門票。

5

6

7

❶ 淘金期的礦工紀念碑
❷ 紅石公園的意象標誌
❸ 歷年在此舉辦的演唱會海報
❹ 從上往下看，舞台也是利用地形打造
❺ 紅石公園遊客中心與展覽廳
❻ 音樂廳的台階常成為運動員的訓練場地
❼ 音樂廳兩側高大巨石間打造出上下台階
❽ 巨石底下開鑿出隧道提供車輛穿越
❾❿ 公園的鳥類
⓫ 公園內的植物

8

10

9

11

米勒庫爾斯啤酒廠
Miller Coors

1

科羅拉多州重視環保，潔淨的水成了最大的自然資源，因此首府丹佛的啤酒廠出了名，啤酒種類更是全球第一，也被譽稱爲美國「頭號」的啤酒城市(America's #1 Beer City)，其中又以米勒庫爾斯啤酒廠出產的啤酒，號稱是「世界最清爽」的啤酒，免費參觀又可以免費品嘗試飲，成了吸引觀光客最熱門的去處。

米勒庫爾斯啤酒，是全美排名第4最暢銷的啤酒，從1978年推出以來，一直以其清爽獨

2

特的釀造方法，讓消費者喜愛，而其一貫用喜歡用「金色」、「銀色」瓶罐裝的標誌，更成爲它的招牌。

要去參觀，不必預約，開放時間只要去啤酒廠外的停車場排隊，坐廠方安排的車輛進入參觀，假日人多時往往要排上半小時以上，遊客進入參觀後最有興趣的還是免費品嘗啤酒，十幾種啤酒可以任選三種，一杯約200cc，酒量好，要再續杯都可以。

很多遊客到啤酒廠參觀，享用製酒廠剛釀出的第一口啤酒後，對那冰澈甘甜，那麥香味濃到竟不自覺是在喝酒咧？甚至讓你對啤酒是不是酒都改觀，你也會了解美國人爲何

如此鍾愛它，尤其來這裡還有免費的啤酒！

這座位在丹佛市附近的啤酒廠，來丹佛旅遊一定要去，可從6號州際公路西行約25公里，地處洛磯山麓，緊鄰清溪河畔，面迎遼闊中西部大平原的淘金期美麗的古鎮金城(Golden)，即坐鎮著世界最大單產品釀酒廠——米勒庫爾斯啤酒廠(Miller Coors)！

❶啤酒廠早年使用的美少女商標　❷啤酒廠歷年生產的各種啤酒品牌以大木桶展示　❸啤酒廠位在淘金古鎮「金城」　❹啤酒廠也曾生產過乳品　❺～❻同一品牌卻有不同口味產品及不同的包裝

❶ 遊客參觀後可以免費品嘗啤酒
❷ 米勒庫爾斯啤酒廠全景
❸ 金黃色的巨大釀酒槽
❹ 啤酒廠免費的接駁巴士
❺ 啤酒廠廣場上的3D圖

「金城」這個地方地理環境不佳，但卻可以釀製出那麼好喝的啤酒，最重要的成功祕訣，就是全年有取之不盡，從洛磯山脈流下的清澈甘甜高山雪融泉水，再用美國中西部大平原盛產的大麥，釀造出不同口感酒花，經過浸泡、發芽、窯燒後，就成了全美最有名的啤酒之一。

啤酒也有一段黑暗期，1916～1933年，美國全面禁止釀酒，國內酒廠幾乎絕跡，這兩大酒廠只好轉型製作麥乳精度過，但庫爾斯啤酒在1991年以前卻只能在美國西岸銷售，許多政客、影星名人造訪丹佛離開時，最受歡迎的伴手禮就是這個被喻為「盛宴的啤酒」的庫爾斯啤酒。傳聞連美國福特總統來丹佛訪問，離開時空軍一號座機上運回白宮最多的即是「庫爾斯啤酒」！

⤓INFO

🔗 www.millercoors.com/golden-brewery-tour
✉ 13th & Ford Street, Golden, CO 80401
📞 800-642-6116、(303)277-2337 (Beer)
➡ 70號跨州公路，在265公里處再轉58公路

憑證件免費暢飲啤酒喔

丹佛市有很多的啤酒廠，米勒庫爾斯是最有名的，每天都有大批各地來的遊客及民眾前往參觀，尤其天氣炎熱時，不少人都是為了進去喝幾杯清涼又免費品嘗的啤酒，不需要門票，完全免費，但記得帶證件，因為要年滿21歲才能喝免費啤酒，未滿21歲、沒有帶證件，就只能喝汽水、檸檬汁，可以無限暢飲讓你喝個夠。

啤酒廠的輝煌歷史

阿道夫庫爾斯(Adolph Coors)，生於啤酒大國德國，他14歲即在酒廠裡當學徒，西元1873年偷渡到美國，一路尋覓夢想中的完美釀酒地，西行至「金城」，當時年僅26歲，用當學徒10年賺的2000元積蓄，和投資人舒爾勒合開了科州黃金酒廠(The Golden Brewery In Golden)。老闆阿道夫在西元1883年發明了瓶裝啤酒，申請專利，有遠見的他更從1885年起，以每45分錢回收一打空啤酒瓶，資源再利用，成為美國回收玻璃瓶始祖，1886年更設立了世上第一座有殺菌功效的啤酒廠。

「庫爾斯啤酒」創造不少紀錄，更在1893年芝加哥世界啤賽中打破紀錄贏得冠軍外，1959年更研發了世界第一罐的鋁罐啤酒，方便飲用延用至今，很多啤酒廠也生產。此外，1978年出產世界第一瓶淡啤酒，只有四分之一的卡洛里，被稱為銀彈(Silver Bullet)，一炮而紅，全美家喻戶曉！

1

2

3

飛機博物館
Winds Over The Rockies

飛越洛磯山脈的翅膀

「飛越洛磯山脈的翅膀」。這是一座航空航太博物館，坐落在占地150,000平方英尺的20世紀前空軍基地內，以早年的飛機停機倉庫改裝而成，至少展示了超過40架已除役的各種戰機，包括難得一見的B-18A、B-1A以及5世紀系列的老戰鬥機，並且不定期有各種活動，像「飛機的故事探索」、「駕駛艙的操演日」。

因緣機會參觀「飛機博物館」，原是參加一名在抗日戰爭中，曾在飛虎隊擔任翻譯官工作的華人易岳漢(John Yee)的表揚大會，2012年他已高齡91歲，他一直長居在美國科羅拉多州丹佛市，一般遊客鮮少知道有這座

有如置身戰場，更讓你大開眼界

飛機博物館，更別說會來到這裡。

這處美國空軍早年的洛瑞空軍基地(Lowry Air Force Base)，在1994年與原來的丹佛機場一起東遷後，軍方與地方人士提議將過去的飛機停機倉庫整修，展示曾在二次世界大戰服役但已除役的大小軍機，並且給了一個很響亮又獨特的名稱「飛越洛磯山的翅膀」，並在同年開幕。

陳列各種軍機及歷史文物

博物館內除陳列各種軍機，也展示美國空軍卓越戰績的歷史文物，也包括艾森豪總統在冷戰時期，將白宮西移之史事記載，更有世人最好奇的傳奇，另還有美軍飛虎隊(Flying Tiger)在中國的所有文獻。資料歷史圖書館中，則收藏著最豐富的科州空運史，設有遊客中心，販賣各種有關飛機的模型、明信片、照片及禮物與收藏品！

這座巨大拱圓形的停機倉庫，占地有4,000平方公尺，從1939年開始一直停放極有歷史價值的戰機，從30年代的雙翼機，到空軍史上最有名的B-1轟炸機都陳展其中，其中最多的機種為F-105、F-4E、F-86H、F-104C、F-14A等。

1997年更重新認證，成為科羅拉多州官方唯一的「飛機與太空博物館」，不要小看這些都已算是「古董級」的老戰機，保養維修的很好，每一架都還能啟動升空飛行，每年都還會舉辦2次的軍機展覽，吸引大批遊客與民眾前來參觀。

❶ 飛機博物館廣場
❷ 1775年美國陸軍成立時的標誌
❸ 博物館內的賣店也很「軍事化」的標誌
❹ 早年的飛機模型
❺❻ 各年代機型除役的戰鬥機
❼ 每逢大戰的特殊紀念日，軍方都會有慶祝或追悼活動

專為兒童設立的教學活動

　　最有名的是在第二次世界大戰中最大功臣的B-17轟炸機，另外還有波音B-29超級堡壘，1949年飛往中國海成功執行了多達37次轟炸任務，一直到1996年才重新修復，飛回美國，並加入博物館飛機行列。

　　飛機博物館中不定期都會舉辦兒童教育營以及戶外教學，是學童們的最愛，其中麥克唐奈生產的F-101巫術攔截機，更是小朋友們手上最常見的模型玩具！

⬇INFO

- http **www.wingsmuseum.org**
- ✉ 7711 East Academy Boulevard Denver, CO
- ☎ (303)360-5360
- ➡ 225號公路轉30號公路
- 🕐 週一～～～六10:00～17:00，
  週日12:00～17:00
- 💲 成人$11，兒童$9

退役空軍飛行員專業導覽

Tips

飛機博物館位在以前的空軍基地內，展出的飛機全都是軍機，有時還會展出與飛機有關的主題，例如：太空船、航太歷史，雖展場只是一座早期的飛機棚，但展出內容豐富，需購門票，工作人員大多是一些退役的空軍飛行員，很熱心為你服務，樂於講述過去參戰或服役的輝煌歷史。

❶❷博物館內展示的各型戰機

國家公園
National Park

山峰、沙丘、
峽谷最讚嘆

洛磯山國家公園
Rocky Mountain National Park

猶如超大型生態教室

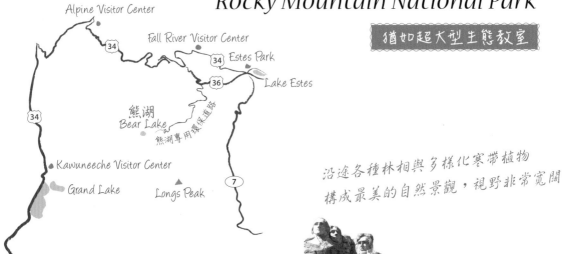

Alpine Visitor Center

Fall River Visitor Center

34

34 Estes Park

36 Lake Estes

熊湖
Bear Lake

熊湖專用環保道路

Kawuneeche Visitor Center

Grand Lake

Longs Peak

7

沿途各種林相與多樣化寒帶植物
構成最美的自然景觀，視野非常寬闊

❶ 遠眺洛磯山國家公園
❷❸ 公園內常見各種的野生動物
❹ 從東邊要上國家公園的小鎮
❺ 洛磯山國家公園上最有名的高山湖泊熊湖

來到科羅拉多州，洛磯山國家公園是必遊之地，不到洛磯山國家公園，等於沒有來科羅拉多州，它在科州4個國家公園中最負盛名，是科州最美麗最大的地標，即連科州的車牌也都是拿洛磯山做為圖案，每年有超過300萬人次的遊客來造訪。

北起加拿大的洛磯山脈，南到新墨西哥州，以南北向縱貫北美洲，綿延4,800公里，一億多年來歷經多次的造山運動，形成了洛磯山、黃石、大提頓以及冰河等4個國家公園，高山、湖泊、冰河、凍土層及針葉林木，以及各種野生動物，豐富的自然景觀，有如一座超大型的生態教室。

美景當前，記得停下車來拍照喔

1915年成立的「洛磯山國家公園」，位在科州的西北邊，距首府丹佛市約100英里，總面積約1,075平方公里，超過12,000英尺的高山就多達60座，其中最高峰「Longs Peak」海拔14,259英尺，雖然不容易攻頂，但有一條又稱「Trail Ridge Road」的34號公路穿越山脈與稜線，公路最高點海拔3,713公尺(12,183英尺)，也是全美最高的柏油公路。

整座公園沿著公路而上，從低海拔到最高點，自己開車還需要技術與膽量，狹窄又陡坡非常刺激，沿途各種林相與多樣化寒帶植物構成最美的自然景觀，視野非常寬闊，中途設有不少的觀景台，可以停下來欣賞拍照。

遠眺群山還有終年皚皚白雪的山峰，只是越往上開，因為海拔越高空氣越稀薄，呼吸會越急促，身體狀況較差的就越無法久留，只是美景當前，再苦也要短暫停留，拍拍照到此一遊紀念。

上洛磯山國家公園的34號州際公路

洛磯山國家公園山腳下「Estes Park」的小城市

選對時間遊玩給你浪漫的風情

　　這裡有全美最高的柏油公路，也有全美最高的遊客中心(Alpine Visitor Center Trail Ridge Store)，位在海拔11,796英尺的半途山頂上，提供遊客短暫休息，喝杯熱咖啡暖暖身，或上個廁所，因天寒地凍，遊客大多躲在屋內，其實屋外還可見到不少的野生動物如大角羊，甚至還可徒步再沿步道登上更高點。

　　和很多高山公園一樣，洛磯山國家公園也是沒有全年開放，每年9～10月間，當第一場雪來臨，公園大部分的範圍就得封閉，人車都無法上山，必須等到翌年快夏季才再開放，想上山一遊還得選對時間，即使開放的時間上山一遊，也還要看天氣狀況，午後常有雷雨，而高山上變化多端的天候，時而晴空萬里，時而雲霧瀰漫。

　　國家公園開放時間約只有半年的時間，不同時候上山也有不同的景觀，春天過後想搶在一開放就上山，放眼望去百花齊放，翠綠的山林，讓你有「春天來了」的感覺。入秋後上山，則是白陽木一片黃色的世界，隨風飄落的樹葉灑滿地，走在上面還會沙沙作響，詩情畫意的情境浪漫又迷人。

高山湖泊──熊湖

❶公園內多設有自動售票亭
❷高山植物
❸洛磯山國家公園公路的最高點設有遊客中心
❹熊湖環湖導覽圖

2天行程既充裕又休閒

其實來到國家公園，野生動物經常就出現在你眼前，只要開車發現有一排車輛停在路旁，不是發生車禍在塞車，而是大家爭著看路旁的麋鹿、大角羊、美洲大野牛，甚至小動物如松鼠、土撥鼠、鳥類，幸運的話連黑熊也會出現。

走訪洛磯山國家公園，如果要開車穿越山稜，需安排較充裕的時間，一天行程會緊湊，有人開到山頂後會原路折返，如果多一天行程，還有很多條路線可選擇，除了高山，山腳下幾個景點與城巿也值得一遊，沿途有不少木屋的度假村，兩天一夜可以較有充分的時間享受休閒的樂趣。

如果要花兩天的行程走，建議要在公園附近的城鎮住上一個晚上再上山，如果選擇從東邊進入國家公園，可住在「Estes Park」這個旅遊小鎮，因為是做觀光客的生意，房價不便宜。如果選擇從南邊走訪國家公園，可選擇住在度假勝地的「Grand Lake」小鎮，旅遊旺季這裡是一個非常熱鬧的地方，街上與建築都很有特色，就位在美麗的湖畔，可搭船遊湖，你也可以沿著湖畔散步，或坐在湖畔的椅子，買個冰淇淋吃，都有很不錯的感覺。

❶ 常成為拍攝電影場景的史丹利老旅館(Stanley Hotel)
❷❸ 洛磯山國家公園各種風貌

開車請注意！
沿路有動物出沒

科羅拉多州最有名的國家公園，
也是全美最有名的國家公園之一，遊
客會喜歡這座公園，是因為可以直接開車到
最高點欣賞高山風景，不需要花太多時間與
體力，但對有高山症或心臟疾病的遊客就要
小心了，身體感到不適時，就要趕快下山，
最重要的一點是公路陡峭坡度大，更不像台
灣的公路沿路都有護欄，膽子小的會不敢開
車，沿路不時會出現野生動物高山羊啊地鼠
啊，開車更要非常的小心。

↓INFO

http www.nps.gov/romo

✉ 1000 Highway 36Estes Park, CO 80517-8397

☎ 遊客服務：(970)586-1206
　　路況詢問：(970)586-1222
　　緊急電話：(970)586-1203、911

➡ 25號州際公路轉34號公路，或走36號公路
　　及40號公路都可前往

Painted View　Chasm View
Devils Lookout
Gunnison River
Sunser View
High Point
Pulpit Rock Overlook
South Rim Road
Gunnison Point
南邊遊客服務中心
South Rim Visitor Center
South Rim Campground
347

比美大峽谷，比大峽谷
更讓人感到神奇與險峻

　　科羅拉多州多山脈，有山脈也就多峽谷，還沒有來到這個峽谷，憑想像也大概會知道這個國家公園的特色就是「峽谷」，當然，想到「峽谷」，一般來過美國旅遊的人都知道，位在拉斯維加斯附近的『大峽谷』很壯麗，「甘尼生黑色峽谷國家公園」也許沒有「大峽谷」有名，但它還是一個值得造訪的公園。

甘尼生黑色
峽谷國家公園

縱深狹長，岩壁陡峭

Black Canyon Of The Gunnison National Park

這是一個以「峽谷」為自然景觀特色的國家公園，位在科羅拉多州的西部，1999年才成為國家公園，清晨沿著唯一的道路進入園區內，也許還沒有什麼遊客，沉靜的公園一角，竟意外驚見到一隻早起的小狐狸，牠兩眼望著望著，也沒有隨即跑走，接著若無其事的消失在草叢中，非常有趣。

通常來到一個較陌生的國家公園，都會先到公園的遊客中心走一趟，拿地圖或了解公園的內容，遊客也多會先到第一個景點甘尼生岬(Gunnison Point)，它就位在遊客中心附近，可以走到景觀台從上俯瞰峽谷，縱深約有600公尺，且山崖近乎垂直而下，要走上前看還要一些膽量，腿軟發抖暈眩，可能連美麗的景色都忘了欣賞。

❶ 清晨進入公園驚見小狐狸　❷ 老鷹在峽谷盤旋　❸ 高山鳥類常有保護色　❹❺ 黑峽谷盡是陡峭險峻的山壁與岩石

國家公園：甘尼生黑色峽谷國家公園

5

觀景台大多在山崖邊，可以俯視或鳥瞰峽谷，但也要有幾分膽量才敢走上去看

進入公園後，道路就沿著峽谷邊崖而行，你可以從不同的觀景台，以不同角度欣賞這個縱深又狹長的河谷，各具特色，岩壁因陡峭陽光難照射到多呈黑色陰影，因而得名，800多公尺的深度，山壁近乎垂直而下，峽谷之美，會讓你驚嘆連連，有不少景觀台就設在懸崖上，腳下有如萬丈深淵，還眞要考驗你的膽量走上去，才能欣賞到美景。

由甘尼生河沖刷形成

峽谷底下有一條河川，就稱爲甘尼生河(Gunnison River)，峽谷就是由這條河川經數百年切割沖刷而形成，終年有水，因落差大，每英里有34英尺，因此溪流也格外湍急，站在景觀台上可望見，還能聽到潺潺的流水聲。早年居民爲了入山尋找水源才發現這個峽谷，你也可以先去走一趟再到遊客中心，觀看簡介影片，從約半個小時紀錄片，你可以更加了解這個峽谷的由來，充滿西部開拓冒險的精神，也了解到當年開山闢路的辛酸歷史，讓你感動與佩服。

這個國家公園位在50號公路與550號公路交岔附近，再轉347公路而上，由於地處較偏僻，除了峽谷景觀，放眼望去都只是荒涼的草原與林木，在科羅拉多州4個國家公園中，一般遊客都較陌生，在行程安排上大都只會因路過而順遊，如果開車繞行，約半天時間就可逛完。

INFO
www.nps.gov/blca
70號跨州公路，在Grand Junction南下轉50州際公路，在Montrose再往Gunnison方向

徒步時切勿離開步道，避免迷路

Tips

這座國家公園地理位置較偏遠，公園內又以峽谷爲主要景觀，平常遊客並不會很多，進入公園後都是開車沿著峽谷邊緣的公路繞行，途中有很多景點都可以停留改用徒步，記得任何時候都不可以離開步道，容易迷路也易發生危險，整個公園除了遊客服務中心外，沒有任何可休息及用餐的地方，進入公園最好先準備要吃要喝的。

↑公園的遊客中心提供各項資訊及販售紀念品
←公園內的步道、觀景台都有指示牌

大沙丘國家公園
Great Sand Dunes National Park

一望無際的沙漠景觀

停車場及露天劇場
Amphitheater

遊客服務中心
Visitor Center

公園管理中心
Park Headquarters

150

　是沙丘不是沙漠，但看起來就像大沙漠。大沙丘國家公園總面積廣達340平方公里，在美國所有國家公園中，算是最「年輕」的國家公園，它原是國家自然保護區(National Monument)，2004年才被美國國會升級爲國家公園。

　要前往大沙丘國家公園，可以從科羅拉多州南邊的160號公路前往，再北走150公路就可以抵達，150公路沿路車輛並不多，公路筆直但不寬大，還沒有進到國家公園前，兩旁都是一望無際的大草原，感覺有點荒涼，但開車卻滿舒服輕鬆。

1

❶ 有如沙漠般的大沙丘
❷ 從沙丘上往下望，迎面而來的遊客像小螞蟻
❸ 進入公園內的道路兩旁仍可見到各種植物
❹ 夏天雪融後沙丘下變成河流，導覽牌解說

記得帶水，避開中午時段

Tips

開車大老遠跑來大沙丘國家公園，一定要去爬座沙丘，不去爬就白來了，夏季前來，遇到積雪冰融時，大沙丘下會有一片溪流形成的狹長湖泊(又像濕地)，水深只有半公尺，冰涼的雪水是遊客消暑的最愛，其他季節來，則是乾旱的一片河床；要爬山丘盡可能不要選有大太陽的中午時刻，會讓你中暑，記得一定要帶瓶水，也不要赤腳走，東方人有時還會帶把陽傘，來回走一趟至少1個小時，想挑戰最高點則要花更多的時間，也有人玩起「滑沙」及「沙畫」，很有趣。

在大沙丘上玩「沙畫」

沙丘相連的壯麗景色

「大沙丘」主要景觀就是「沙丘」，但卻可以大到有如沙漠一望無際。來到這裡，你才會知道這個沙丘真的有夠大，是北美最高最大的沙丘之一，但也不是空無一物的大沙丘，四周還有河川、草原、濕地、白楊木與針葉林等多樣化植物與自然景觀。

大沙丘是由風等因素所形成，就和沙漠景觀很相似，不同的是這裡看不到駱駝，沙丘下也沒有綠洲的城市，放眼望去只有一座座相連的沙丘，一座比一座高，遠到與藍天連成一線，有人來這裡，多只在遊客中心欣賞這壯麗的景色，如果烈日當天，一點也不想再踏出一步。

想體驗沙漠風情，其實就要親自去走一回，從遊客中心開車約10分鐘就可以抵達入口處，再徒步進入沙丘，會先越過一片空無一物乾枯的河床，抵達沙丘後，可以選擇要爬幾座山丘，有人就會挑戰走到最高點的沙丘，再回頭望欣賞不同角度的大沙丘風貌。

❶ 遊客中心外就可以眺望大沙丘
❷ 公園內經常見到鹿群
❸ 公園遊客中心外有導覽解說
❹ 遊客中心販賣各種紀念品

走完沙丘也能泡水消暑

　　如果是春末夏初來到這裡，因為正逢高山積雪冰融，匯流而下成了溪流，來到大沙丘下就會出現一條叫梅達諾河(Medano)的河川，有如一個湖泊，但深度只有約30公分，酷熱的天氣，反成了遊客最佳的消暑與戲水地點，走完沙丘再泡到清涼的水中，非常舒服，只是到了秋冬這條河川又會乾枯消失。

　　這個公園能走的地方不多，能看的也不多，看來看去都只有沙丘，聽起來好像很無趣，但要強調的是，在所有國家公園中它很奇特，過去從書上或從電影中看到沙漠景觀，心想這一輩子都不可能去，尤其像知名位在中國的大戈壁沙漠，或位在非洲的撒哈拉大沙漠。

　　但來到大沙丘國家公園，會讓你有那種感

受，絕對是值得，也可以當做給自己的一個挑戰，能走多遠能爬多高，盡力而為，在沙丘走路可是難上加難喔，而能在多山的科羅拉多州看到那麼多的沙，都會讓你覺得新鮮！

↯ INFO

http www.nps.gov/grsa

✉ Visitor Center11999 Highway 150Mosca, CO 81146

☎ (719)378-6395

➡ 從丹佛市出發，走25號州際公路，在 Walsenbury轉160號公路，再接150號公路

大沙丘的美麗的自然景觀

梅莎維德國家公園
Mesa Verde National Park

山頂洞人的家

科羅拉多州4個國家公園中，這個國家公園也許該歸類到「古代」時期，也與人類歷史的演進有關係，雖從地名很難知道公園是什麼性質，或什麼景觀，單單中文譯名就有好幾種，分別稱為「梅莎維德國家公園」、「維德台地國家公園」、「綠桌國家公園」、「弗德台地國家公園」，不過很多去過的華人都喜歡稱為「山頂洞人的家」。

公園位在科羅拉多州西南一角，比較偏遠，沿160公路向西行，已接近猶他州(Utah)、新墨西哥州(New Mexico)與亞利桑那州(Arizona)等4州的交界，公園以早年印第安人的生活及人文歷史為主要特色，歷史學家認為，印第安人從西元600～1300年間在此生活，當然現在已看不到他們的蹤跡。

「梅莎維德」不是以優美的自然景觀取勝的國家公園，也許有人會認為，可能比較適合喜歡考古的歷史學家去探索，但之所以會成為國家公園，還是有其吸引人的地方，公園早在1906年就成立，甚至都比大峽谷國家公園還早，每年來參觀的遊客也多達上百萬人次。

讓人嘆為觀止的人類歷史遺跡，
適合考古迷的你來場探險

營地服務中心
Morefield campground
and services

160

梅薩維德公園大路

遊客服務中心
Far View Visitor Center

梅薩維德國家公園博物館
Chapin Mesa Museum

Spruce Tree House

Cliff Palace

Balcony House

❶❷梅薩維德國家
公園景觀極富有歷
史文化的考古價值

古印第安人生活環境

　　走進遊客中心，可以從簡介先了解這個國家公園，它呈現的是當時古印第安人聚居的環境，在地面上有用石塊或土塊砌成的房屋，雖有些殘破，但也不難想像他們在幾百年前就會蓋房子，還會做隔間做門窗，甚至還有地下室，可以用來儲藏食物，會設計，建築技術也不錯，這些都可以清楚的觀察到。

　　因公園範圍很大，目前開放參觀的洞穴(Spruce Tree House)，只要步行20分鐘，走到山壁下方就可以看到，如果對這方面有興趣，想進一步去研究，可以付費由專人帶你參觀導覽，洞穴大同小異。

❶ 山壁中的洞穴是早期印第安人開鑿出來的「家」
❷ 印第安人曾住過的岩洞都有特別設計
❸ 公園內的書店也仿早期印地安居民房屋的建築外觀
❹ 遊客爬木梯進入地底下的洞穴參觀

4

遊客會很好奇的是「他們怎麼那麼厲害？」竟然可以爬到數10公尺高的岩壁上挖個洞，住在洞穴內生活？猜想應該是利用垂下的繩梯攀登，而又為什麼要住在岩壁的洞穴內？解說員說，他們最主要原因是為了躲避大型野生動物如獅、虎猛獸的攻擊。

「住在岩洞怎麼烹煮食物呢？」也許你會半信半疑，但從岩壁上仍清晰可見燻黑的煙跡就可證明，有些是冬天寒冷燒火取暖而留下焦黑的痕跡，只是如此大費周章爬上爬下，生活真的很辛苦，但他們如此聰明的作法，也在此生活了好幾百年之久。

遺跡保留至今，那印第安人去哪了？至今則是個謎，一說因為生活環境惡劣，遇到大旱災，沒有飲水可用，只好遷居他處，另有一說是遭到敵人攻擊，是不同族人，還有其他外來的居民，也不得而知，但也有歷史學者推測可能是發生大規模的疾病，族人只好另覓安全能住的地方。

美國版的山頂洞人遺跡

中國大陸有名的周口店，曾發現最早古代人生活的遺跡，稱之為「山頂洞人」，住在

「梅莎維德」的古印第安人，可以說是美國版的「山頂洞人」，同樣都是住在洞穴裡，這裡顯得更壯觀。

這裡的遺跡少有破壞，大多很完整保留至今，也是美國保有最完美和最大的古代遺跡，其中又以「Cliff Palace」及「Dwelling」最有名，景觀也讓人看了嘆為觀止，還可了解古印第安人過去的生活方式，你會佩服他們當年可以如此的方式生活，如果與如今現代全面電子化科技化的生活方式相比，真是天壤之別。

❶公園的景觀道路沿著山腰蜿蜒而上，山坡滿是各種顏色的植物，好像為整座山染上色彩
❷公園最高點的一片橡木樹林
❸公園內開放給遊客參觀的最熱門遺跡
❹公園內有不少的觀景平台可以俯瞰山下的景觀

☟INFO

http www.nps.gov/meve

✉ Mesa Verde National Park,CO 81330

☎ (970)529-4465

➡70號跨州公路，在Grand Junction南下轉50號州際公路，在Montrose再接550號公路南下，在Durango再接160號公路

人類歷史考古迷 千萬別錯過

Tips

公園其實就是早期印第安族人的聚落，對人類歷史及考古有興趣的遊客，可以在這裡耗上一整天，範圍很大，只開放一部分供一般遊客參觀外，遊客也可以再花一些費用進入更裡頭的景點，並由導覽人員解說，遊客中心地區公共設施完善，有吃有喝有賣紀念品的小店，其他地方參觀，可以開車繞行，秋天來到這裡，滿山野都是橘黃紅色的變色葉山林。

州立公園
State Park

城市裡的
美麗綠洲

櫻桃溪州立公園
Cherry Creek State Park

充滿悠閒感的城市綠洲

這是丹佛市民的另一個後花園，離丹佛市區就只有幾分鐘的路程，它也被稱為城市裡的一片綠州，更讚美它就像一顆明珠般，事實上它也是一座主要用來儲水的水庫，但卻有湖泊之美，四周的草原綠林丘陵沙灘等圍繞，讓這座水庫成為一座千變萬化的公園。

整個公園範圍廣達4,500公畝，其中水域的部分就占了880公畝(約3.6平方公里)，公園內除了有35公里長的道路，還有總長約19公里的人行步道穿梭在整個公園內，清晨或傍晚總可以見到不少前來慢跑、騎單車的民眾，有的是下了班來運動，有的是前來休閒，因為這座公園大到很寧靜、很優雅。

同一個湖畔，從清早到傍晚，春天到冬天都有不同的景色

超多樣的戶外休閒活動

露營、野餐、釣魚、騎馬、單車等戶外休閒活動，在這裡都沒有禁止，設有遊艇碼頭，有遊艇俱樂部，還可以從事水上休閒，垂釣或開遊艇、水上摩托車，甚至在湖畔有時還會見到躺在沙灘上做日光浴的比基尼辣妹，此外還有一座戶外的飛靶射擊場，我在友人的帶領協助，也有機會體驗這種國外很普遍的休閒娛樂。

遊艇碼頭

環湖曬日光浴賞日落

公園環繞著一個大湖，非常寬闊，想遊整座公園，最方便的的方式就是開車在堤壩上的道路觀看，也可以繞湖畔而行，公園遊客平常不多，沒有擁擠的人潮及車輛，沿途最常見騎著單車的民眾，湖四周也有很多沙灘，夏天會有民眾在這嬉水日光浴，成群的野雁就在一旁陪伴你，傍晚日落最美。

♥ INfo

http parks.state.co.us/parks/cherrycreek

☎ (303)690-1166

➡ 丹佛市走25號州際公路，在220公里
處接225號公路

🕐 05:00～10:00，露營區全年開放

❶ 湖內可釣魚，湖畔有告
示牌提醒注意規定
❷❸ 公園範圍大，處處都
有導覽地圖
❹ 入秋後的櫻桃溪公園
❺ 野雁是公園裡的常客
❻ 冬天白雪皚皚的櫻桃溪
公園
❼ 黃昏的櫻桃溪公園湖畔
與釣客

夕陽西下的浪漫湖景

　　和很多公園一樣，野生動物多，包括兔、狐狸、松鼠、浣熊、黃鼠狼，以及各種鳥類如野雁，隨時會出現在你眼前，給你一個驚喜，是喜歡賞鳥攝影的天堂，尤其到了傍晚時刻夕陽西下，五彩顏色或滿天通紅照印在平靜無波的湖面，如詩如畫，好像地球停止運轉般的沉靜。

　　到這裡走步道也很受歡迎，各種小徑都取了名字，有稱爲大壩徑(大壩上的堤防)、有叫蝴蝶徑(可以見到很多蝴蝶)、還有4.7英里長的櫻桃溪徑，至少有20條以上，選擇你想走的路，只要你不趕行程，想在這裡待上一天也沒有問題，門票只要9美元。

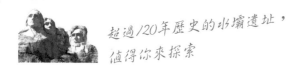
城堡木峽谷州立公園
Castlewood Canyon State Park

丹佛市第一個人工水壩

是「城堡」還是「峽谷」？從公園的名字實在看不出這是怎樣的一個公園？答案其實是舊水壩遺址，因為後來水壩毀掉，留下了一個狹長的峽谷，也成了滿布著大小石頭的河谷，去了幾趟都沒有一次把所有步道走完，可知這個公園其實還滿大的。

❶ 河谷形成的廣闊平原
❷ 丹佛市第一個人工水壩，超過120年歷史，只剩遺跡
❸❹ 公園內的各種植物與林木
❺❻ 公園內各種牌示，免費為遊客導覽及提供資訊

　　公園位在丹佛市東南方約60公里，走83號公路南行即可抵達，因住在離公園較近的奧羅拉市(Auror)，十幾年前常帶小朋友去那裡健行，他們總喜歡將河谷中的大大小小石頭取個名字，像什麼就取什麼，但實在太多，取不完也記不完，他們也喜歡在河床上爬這些石頭，多年後再回到河谷去，風光依舊，好似一草一木都還駐足原點不曾改變！只是感嘆時光飛逝！

　　城堡木峽谷州立公園(Castlewood Canyon State Park)，原來有一個大水壩，遺跡仍然保留，從層層相疊高聳的石塊，以及崩塌之處可看出當年的宏偉，這裡是健行的好去處，也可以從這個廢墟中重新認識生命。

❶公園重要地標之一，被稱為「超越歷史時空」的橋樑
❷河谷也有如峽谷
❸〜❺公園內的蜂鳥、鷹、松鼠等各種野生動物
❻水壩遺址可看出當時以人力堆起的高大石牆
❼一塊塊巨石矗立的峽谷，非常壯觀

地質學家最常在這河谷中研究這些大小石塊，6千萬年前，這裡還是個熱帶雨林，經過洛磯山脈擠壓提升，火山爆發、冰河氾濫，一再沖刷累積，層層刻畫在一塊的石板上，直到一萬年前河谷成型，接著在約兩千年前，古印第安人來此開墾，並在河谷山腰洞穴居住。

水壩傾倒，夾帶石頭散落在河床

因洛磯山脈東面有高原，雨量稀少常年乾旱，居民墾荒期就知道需要把雨水儲存下來才能生活及種植、畜養，1889年還沒有現代化的大型機械，水壩就這樣靠著85名的人力和騾馬拖曳協助，花11月就完成了由兩道四四方方的石塊整整堆起的石牆，再用石板鋪底部厚約25公尺，加入碎石填滿在水壩中開始蓄水。

但這個「土法煉鋼」完成的石塊水霸，從開始蓄水的第一天起，壩的底層就一直在漏水無法止住，終於在1893年整個水壩沖毀傾倒，水壩的水就這樣夾帶大小石塊滾滾而下，洪水沖到丹佛市區時還深達2公尺，而無數的石塊至今都還散落在整條河床河岸上。

生態攝影愛好者首選地——櫻溪橋

為了保存這個水霸的遺跡，1961年，一位布朗先生(Lawrence Brown)象徵性以10美元，半賣半捐出87英畝土地給州政府，規畫這個以水霸舊址的河谷為公園，後來陸續把公園增加到約10平方公里大，並在1948年興建了一座橫跨過櫻桃溪谷的拱型橋梁——櫻溪橋(Cherry Creek Bridge)，造型極美，成了公園最耀眼的地標之一，也被稱為超越歷史時空的橋樑。

這個峽谷狹長，規畫多條步道，進入公園時最好索取一張簡單的地圖參考，否則很容易迷了路，公園內還設有觀景台，可以眺望櫻溪橋、峽谷，更是觀看鷹類等猛禽的最佳地方，園內各種動物多，河床魚蝦昆蟲，常是學童戶外教學最喜歡去的公園，而樹上棲息蜂鳥等上百種鳥類，也常是愛鳥人士與生態攝影愛好者的首選地！

⬇INfo
🔗 parks.state.co.us/parks/castlewoodcanyon
➡ 丹佛市走25號州際公路，在184公里處接86號公路

公園滿布奇石、峽谷景觀 **Tips**

丹佛市處處有公園，有大有小，這個公園因位在溪谷而呈狹長狀，分成南北兩個入口處，步道多沿著河床兩邊，景觀多是大小的奇石或峽谷，想走訪這個公園至少要花上兩個小時以上，屬於一般健行的路況，不會太耗體力，這個變成公園的水壩遺址，是丹佛市第一個人工水壩，歷史最悠久。

7

羅克斯伯勒州立公園
Roxborough State Park

翠綠山林，層層紅岩

「走，我們去爬山！」離丹佛市區很近，車程約40分鐘的一座公園——「羅克斯伯勒州立公園」，被當地市民形容為丹佛市的「祕密花園」，寧靜的環境，有著迷人的小徑，走到那還有翠綠的山林相伴，千萬年歷史形成層層的紅岩，壯麗又宏偉。

一場雪後，大地變得更沉靜，屹立不搖的大小紅石更迷人

這個位在丹佛市西南角約40公里的「羅克斯伯勒州立公園」，1975年成立，並在1980年由美國內政部宣布成為「國家自然地標」，也是科羅拉多州第一個被列為「國家自然地標」的公園，占地廣達13萬平方公里(3,339英畝)，海拔從5,900英尺到7,280英尺不等，是一個高山與平原混合的公園。

公園的自然環境特殊，動植物豐富，這裡仍可見到高山的冷杉、黃松，以及各種低海拔的植物，也因此提供野生動物豐富的食物，成為牠們的天堂，從常見的鹿群、狼、狐狸、鼠、兔，以及爬蟲類，過去甚至有遊客見到獅子與黑熊，以及各種鳥類及蝴蝶，常常在林中小路上出現。

❶～❹ 冬天下雪後的公園景觀有不同的風格

漫步公園，細細品味她的美

選擇用徒步方式探索公園祕境，總長度有14.3公里的步道小徑，穿梭在整座公園中，你可以挑選要走那條步道，也有一條較高難度約6.4英里長的登山道，可以爬到高7,160英尺高的最高峰「匠山」山頂，從高處眺望一座座呈60度斜角的紅岩巨石，更顯得壯麗宏偉。

羅克斯伯勒州立公園是科州最吸引人的公園之一，有遊客喜歡它幽靜的環境，只是各小徑沿路多無林木，少有樹蔭，徒步最好選擇清晨或傍晚時刻，全年幾乎都開放，盛夏有盛夏的美，冬季雪季來臨，紅岩上覆蓋著皚皚白雪之際，又是另一種景觀。

這個公園也被列為自然歷史遺跡列為保護，因此這個公園不像「上帝的花園」可以攀岩外、也禁止騎自行車、更禁止露營、禁止騎馬帶狗等寵物進入，但遊客來此公園仍可以在此野餐，入園處的遊客中心前設有不少桌椅，方便遊客用餐。

環境寧靜，野生動物多 ***Tips***

公園也是以科羅拉多州最具特色的「紅岩巨石」為其特色，和上帝的花園、紅石公園等相類似，但公園大較沒有人潮及大批遊客，裡頭野生動物也較多，可要小心半路遇到牠們突然出現，一般都不會主動攻擊人。

↓*INFO*

🌐 www.parks.state.co.us/parks/roxborough
📞 (303)973-3959
➡️ 丹佛市走25號州際公路，在194公里處接470號公路，再接上85號公路
💲 $7

RED FOX

BLACK BEAR

①～③ 公園裡的植物與松柏
④⑤ 公園管理單位製作動物的腳印讓遊客辨識
⑥ 夏季的公園景觀綠意盎然
⑦ 公園自然景觀十奇百怪

查特菲爾德州立公園
Chatfield State Park

兼具水上活動和公共設施

沒有海洋的丹佛，仍有熱情的風味，
是熱門的戶外休閒去處

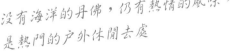

科羅拉多州很多州立公園都是利用興建的水庫去規畫設立，位在丹佛市南邊近郊的查特菲爾德州立公園就是其中一個，這個公園稱得上是多功能，由於水庫的水域廣闊，水上活動非常熱門，而且又擁有類似海灘的沙灘，是一個很受歡迎的熱門戶外休閒去處。

這個公園會讓人誤以為是自然湖泊，事實上它是一座以儲水為主要功能的水庫，當你脫下鞋子走過一片沙灘來到湖畔時，驚見穿著比基尼泳裝的辣妹時，你還會以為來到哪個有名的海灘呢？位在內陸的科羅拉多州沒

↖公園內最常見的野雁不怕生　　↑夏天炎熱季節常見比基尼女郎

有海岸線，這個沙灘多少也能滿足一些市民或遊客的休閒興趣。

　　查特菲爾德州立公園的特色在於湖泊，各種水上活動很多，可租小船划船、釣鱒魚，可游泳嬉水，有錢人則在這湖上大玩帆船或開著飛快的遊艇，依活動內容都有分區，玩起來都很安全。

完善的公共設施，寵物也能戲水

　　至於四周的湖畔，規畫有露營區，公共設施非常完善，也供應水電，需另付費用，還有不少步道及自行車道，可以健行或騎車，最特別的是，這個公園也開放給狗狗進來，不少遊客是帶著家裡的寵物狗一起來度假，也准許狗狗到湖中戲水，但都有劃定一定的水域，這裡有很多水鳥野雁，一點都不怕生，也是賞鳥好去處。

　　公園只收停車費用，每輛車8美元，非常便宜，早上5點開放到晚上10點，冬天雪季也開放，但水上活動就停止了，夏天有夏天的景色，沙灘上人頭鑽動，湖上人小船艇穿梭，冬天四周一片雪白，遊客稀少，顯得寧靜不少，湖面多結成冰，寒風吹來，不同的感受，又是另一種美景。

↓INFO

🔗 www.parks.state.co.us/parks/chatfield
📞 (800)678-2267、(303)791-7275
➡ 丹佛市走25號州際公路，在194公里處接
　470號公路或州85號公路都可抵達
🕐 全年無休

帶著休閒的心情來吧

多次來到這個公園，卻都不是專程前來，
而是開車經過順遊，每次來都感覺不一樣，
而隨著季節變化也有不同的景致，有次是炎夏前
來，看到大群穿著比基尼的嬉水辣妹，還以為來到哪
個海邊，和很多公園一樣，就是休閒的心情。

Tips

↑遊艇遊湖是
湖上熱門休閒
活動

↑湖畔沙灘日光浴嬉
水是老少咸宜的休閒

↓湖畔的大片沙灘
有如海邊

冬天下雪後的公園景觀

藍桌水壩
Blue Mesa Reservoir

五彩繽紛的水庫

　　科羅拉多州少雨，因此到處興建水壩，1965年在甘尼生河(Gunnison River)上蓋了第一座水庫，成為科州面積最大的水庫，水庫大到沿岸長達96英里長，主要是水力發電的儲水池，它的上游還有兩座面積較小的水庫，而水庫的下游就是有名的黑峽谷國家公園。

　　因每年的雨水不定，雨水不夠多時水庫多乾枯，走訪這裡有時還要看時機，不過乾枯的水庫也很美，在水位逐漸降低後，四周沿

在日光的照射下，五彩繽紛的色彩，
有如一幅美麗的畫

岸形成一層又一層的平台及盆地，在日光照射下，出現五彩繽紛色彩有如水彩畫，青色黃色的各種水草，也在沿岸形成一層層的環狀圖案。

藍桌水壩又稱為「藍梅薩水庫」，「梅薩」是西班牙語，意為「桌子」，說水壩像個桌子但也不像，如果像桌子，那一定是全世界最大的桌子了，但水呈藍色倒是特色。水壩高390英尺，水域最大的面積廣達3,715公頃(9,180英畝)，湖長超過20公里，如果是整座水壩的沿岸則更長達154公里(96英里)長。

超級大的深藍色桌子

Tips

這是唯一不在丹佛市近郊的州立公園，它位在科羅拉多州中西部的甘尼生(Gunnison)，靠近黑峽谷國家公園，在50號州際公路上，從黑峽谷國家公園回丹佛市必經之處，就會經過這個水壩，只是一路上多只見湖水，水位下降時就沒有那麼壯觀，但層層水位留下來的青苔、水線，卻有如畫般的美，滿水位時，深藍色的湖水就真的很像一張超級大的桌子，但科州最近幾年都缺水嚴重，想見到水庫滿水位還真不容易，不過走這段公路車輛不多，沿途風景也不錯，也是一種收穫。

❶❷藍桌水壩呈現「深藍」一片
❸前往水壩的公路沿著湖畔，有不同的自然景觀
❹❺藍桌水壩蓄水不足，沿岸平台一一浮現
❻水壩也是一座水上休閒活動的湖泊，但需視水位而定

最受歡迎的釣場

「藍梅薩水庫」是科羅拉多州的旅遊知名的景點之一，坐落在科羅拉多州西部的甘尼生縣(Gunnison)，主要水源來自洛磯山脈下的甘尼生河，整個區域也是一處公園森林遊憩區，其中還包含莫羅點水庫和水晶水庫兩座位在上游的水庫，三座水庫儲水都是為了水力發電，但因位在高海拔2,292公尺上，氣候乾燥少雨，水庫儲水量常不足。

相反的，夏季冰雪融化後水庫水位高，就成了戶外休閒的熱門去處，最深時深度可超過負300英尺以上，使該湖成為受歡迎的釣場，也是全美最大「科卡尼鮭魚」魚場，鱒魚及鮭魚也成了釣客的最愛，湖上可以划船、滑水、帆船和衝浪，設有完善的遊艇碼頭，碼頭的遊客中心提供各種資訊與服務，湖畔也是露營區提供露營車使用。

這個水庫區都屬甘尼生國家森林的範圍，公園廣達175,000英畝，主要溪流「尼生河」流入水庫後再流入黑峽谷國家公園，水庫所在的甘尼生縣，70%以上都是屬國家森林公園的範圍，不論是夏季或冬季都是休閒的熱門去處，也是狩獵區，很多活動都需先申請並付費。

「藍梅薩水庫」位於甘尼生以西30英里，可沿著50號州際公路前往，距離東邊的甘尼生黑峽谷國家公園(Black Canyon Of The Gunnison National Park)也不遠，兩個景點可以安排在同一天的行程中，遊客來到水庫多只是路過遠眺，除非你要停留長一點的時間，甚至在此露營過夜，可以再安排其他休閒活動。

↓ *INfo*

http www.bluemesareservoir.com

✉ U.S.Highway 50, mile marker 127, Co Hwy 92 at U.S.Highway 50, Co Hwy 149 at U.S. Highway50

➡ 70號跨州公路，在Grand Junction南下轉50號州際公路，在Montrose往東往Gunnison方向行駛，或沿50號公路從Canon City向西行

美國最重要的
軍事重鎮

科羅拉多泉市
Colorado Springs

城市印象 About Colorado Springs

科羅拉多州的第二大城市，位在科州最大城市丹佛南邊約100公里，海拔平均都超過1英里以上，整個城市就位於著名的派克斯峰(Pikes Peak)的山腳，緊鄰著洛磯山脈的東部，這裡有不少著名的景點如上帝的花園、派克峰、風洞等，因此也是有名的觀光旅遊城市，建於1891年的Broadmoor飯店就非常受歡迎。

這個城市最大的特色是冬天雖然會下雪，但不易出現嚴重積雪的情況，頂多會有幾天暴風雪或冰點以下的氣溫，但卻是全美國打雷最頻繁的地方之一，尤其是夏天。

科羅拉多泉市有很多與軍事相關的設施與基地，也有人稱為是美國最重要的軍事重鎮，包括彼得森空軍基地、西瑞佛空軍基地、北美空防司令部總部等，以及多所大學如最著名的美國空軍軍官學校(United States Air Force Academy)。

這裡也是美國奧林匹克選手的訓練中心，因為地理環境佳，地處在海拔1,600公尺以上，空氣較稀薄，可以更有利於運動員的活力，不過2012年6月間的一場野火，燒毀不少面積的森林，一度威脅到空軍軍官學校，還有好幾萬居民撤離，當時的美國總統歐巴馬還到這個城市坐鎮與關心。

美國空軍軍官學校

25

科羅拉多大學
科羅拉多泉市分校

Garden Of Gods Rd.

Austin Bluffs Py.

上帝的花園
風洞

上帝的花園遊客服務中心

24

科羅拉多學院

派克峰高山
火車站

派克峰高山火車鐵路
Pikes Peak Cog Railway

24

115   25

▼INFO

www.springsgov.com

➡ 從丹佛市沿25號跨州公路或85號州際公路南下，與24號州際公路交岔處

❶派克峰
❷上帝的花園
❸美國空軍軍官學校
❹風洞

上帝的花園
Garden Of Gods

充滿奇岩怪石的眾神公園

上帝如果在地球上有座花園，那一定是很美的地方！沒錯，即然都可以稱之為「上帝的花園」，一定有其吸引人之處，科羅拉多州到處都是「奇岩怪石」，這裡稱得上是「奇岩中的奇岩，怪石中的怪石」，每年有超過200萬人遊客來此造訪。

上帝的花園是座超大型的花園，但不是以花著名，而是以「石頭」著名，很多遊客來此，除了欣賞有如鬼斧神工般的壯麗景色，公園最受歡迎的還有健行、攀岩及騎單車等戶外休閒活動，此外也是攝影家最喜歡獵取鏡頭的公園，尤其是日落時分，天空晚霞照印在這些巨石上，鮮紅的一片極其壯觀。

各種造型的奇岩怪石

來到這裡，第一眼就會讓你讚嘆「這真的是上帝的傑作」，一座又一座的紅色巨石，心想世界上真有這麼美麗的地方？造型獨特，管理單位也為這些奇岩怪石取名，包括親嘴的駱駝、三美人、巨人腳印、哨兵崗、睡著的巨人、大教堂上的尖頂、講壇等，

列出較有名的景點有13處，依序編號，全散布在一片翠綠的山谷中，一座座暗紅色凸出的山峰更顯其魅力。

❶ 上帝的花園，也可以騎單車輕鬆遊
❷ 上帝的花園是奇岩中的奇岩
❸ 遊客中心與紀念品店

私人土地捐贈並免費開放

公園原是私人的土地，地王金爾斯帕金斯先生(Charles Elliott Perkins)的子女們，在1909年將這片土地即上帝的花園，依他生前的心願，全部捐贈給科羅拉多泉市政府(Colorado Springs)，並且承諾永遠的免費開放給大眾！也繼續使用1859年就引用「上帝的花園」這個美麗的地名。

讓你有如來到天堂的公園

公園內有全長24公里的步道，羊腸小道分布及穿越公園，選擇想走的步道，以及想欣賞的景點，公園內都設有詳細的地圖與圖片提供遊客參考，最好沿著步道走，可別自己想冒險走出一條路，因為公園內常見提醒注意響尾蛇的警告標誌，尤其是夏季。

一年四季各有風情

一年四季都開放，矗立各處的紅石依舊，但春夏秋冬景色不一，春天花朵處處，遍地是五顏六色的野花，夏天來造訪，一定讓你揮汗如

雨，但晴空萬里，視野最棒，秋天到此，大地好像染上一片黃色的變色葉，冬天來遊，紅色山頭則覆蓋著皚皚白雪，紅白相間，各有特色，如詩如畫的風情令人印象深刻。

這些奇岩怪石大多是很陡峭的岩層，有些幾乎呈90度，成了攀岩挑戰的地方，但事先要申請許可證，並依規則進行，要有完備的設備及工具，攀爬者也常成了遊客欣賞的另一種景點。

地質特別，一定要看平衡岩

占地廣達1,300公頃的的上帝的公園，地質很特別，雖然多為暗紅色，但也有其他像藍色、紫色，包括有白砂岩、礫岩和石灰岩，這些都是幾千萬年，因火山爆發擠壓而隆起，垂直或多斜插在地面上，位在公園北邊的北門石，就有98公尺，是公園裡最高的石頭。

來到上帝的公園，遊客可以近距離觀賞這些巨石，甚至就站在岩石下拍照，最熱門的景點「平衡岩」總是擠滿人群在拍照，有時都擔心這麼大的巨石，會不會突然掉下來或滾落下來。

非上帝莫屬的花園

Tips

公園範圍大，步道很多，可以參考公園內處處可見到的指示牌去走，各景點都還有照片圖示，奇岩怪石都有名稱，就看你認不認同，也許你有不同的看法與觀察，認為像什麼就像什麼，你也可以幫這些景點命名，很有趣的，來此你真會有那種感受，那就是上帝如果在地球上有座花園，那這一座公園絕對莫他非屬，也有人稱這座公園是「眾神之公園」，那就不只是上帝一人了，拍照留念是一定要的，有些巨石可以攀爬或當背景，但千萬小心不要滑落。

←↓上帝的花園多為陡峭的紅色巨石

❶ 上帝的花園是攀岩熱門場地
❷ 上帝的花園熱門景點之一的平衡石
❸ 公園內的導覽解說牌示提供遊客參考

地形特別，動植物生態豐富

也有人稱這個公園是「眾神公園」，在北美洲更是少見高山與平原同時並存的地形，公園也有豐富的自然生態，有些還是古代海洋地形，因為從被侵蝕岩石中，仍可以見到海中生物的化石遺體，1878年還在公園內發掘出恐龍的頭骨，現今來到這裡，黑尾鹿、大角羊、狐狸在這一領域比比皆是，以及多達130餘種的鳥類。

想更進一步了解，遊客中心有各種詳細的資訊提供，有時會提供展演，包括礦產、

地質、植物和當地的野生動物的介紹或課程，以及美國原住民文化，有興趣的遊客可以選擇參加，但有些是收費，用作管理公園的基金。

↓*info*

http gardenofgods.com
✉ 1805N 30th St., Colorado Springs, CO, 80904
☎ (719)634-6666
➡ 走25號州際公路，在141公里處接24號公路

藏有一座有如一把把
尖銳軍刀構築的美麗教堂

美國空軍軍官學校
United States Air Force Academy

吸引最多遊客的觀光景點

一項非正式的統計指出，科羅拉多州遊客
排名第一的景點，不是哪個國家公園，而是
位在科羅拉多泉市(Colorado Springs)的美國
空軍官校，爲什麼會那麼吸引遊客前往，很
多人都好奇，答案如果只是一座教堂，那你
一定會更想親自走一趟，仔細看看這座教堂
有什麼不一樣？

1

❶❷ 宏偉的教堂外觀，有如一把把的軍刀
❸～❺ 神聖的教堂內廳莊嚴肅靜

來到美國空軍官校，一進校門就會被一架又一架除役展示的飛機所吸引住，拿起相機拚命拍，從打越戰的B-52轟炸機、飛到日本在廣島投下原子彈，也是二次世界大戰的主力轟炸機B-29，到F-4、F-15戰鬥機，以及曾在中國參與八年對日抗戰的飛虎機，都可見到。

軍校裡藏有一座美麗教堂

空軍官校當然飛機最吸引人，但當你再轉進校區的後山，一座很奇怪的建築馬上吸住你的視線，奇特的外觀及造型，聚焦半天你也猜不出來這座建築是什麼？

「屋頂17支尖塔代表什麼？」很像火箭要一飛沖天的氣勢，也有人想到「軍刀」，17把超大型的軍刀，尖銳凶悍代表軍人的威武氣慨，外型像科幻電影中的魔宮？音樂家則想到像是凝固的交響樂曲，又像一台管風琴，天真無邪的孩童會說像顆楊桃，但還會猜像是一架架疊在一起的紙飛機，想像力再怎麼豐富，就是不會想到是座大教堂(Cadet Chapel)。

空軍官校校園怎麼會有教堂？不用懷疑真的就是座教堂，而這座教堂又讓人聯想到，位在台灣台中的東海大學校園內，也有一座造型很類似的教堂，只是這座教堂的材質是用製造飛機材料的鋁合金，也像我們所稱的不鏽鋼，每支尖塔厚重達5,000公斤，看了都直說很酷，很難想像教堂會出現在軍校裡。

設計前衛，現代感十足

美國空軍是三軍中最年輕的軍種，1947年才從陸軍獨立，並在1954年由美國總統艾森豪簽署法案，正式成立美國空軍官校，並選在科羅拉多泉市為永久校址，占地廣達75平方公里，招收17～22歲的男學生，直到1967年才開放招收女生，學校除重視學生的榮譽心，更尊重學生的宗教生活，這也是興建這座教堂的目的。

教堂在1962年興建完成，剛開始建築造型讓各界議論紛紛，在當年的建築設計來說，被批評太前衛，甚至認為教堂如此「凸」狀，屋頂的尖刀朝向天際，對上帝大不敬，

但也有人看了認為很有創意，以50年前就有如此構思與創意，很具有現代感，與眾多的教堂相比，反而是獨樹一幟，成了吸引人的焦點。

評價由負變正，1996年更獲得美國建築師協會的設計大獎，2004年起成為美國國家歷史地標之一，2002年起並開放給一般遊客進入參觀，如今更成為旅遊科羅拉多州的必遊景點之一，每年遊客量據說是排名第一。

開放免費自由參觀

別以為軍事重地一定戒備很森嚴，2002年以前頂多也只開放給軍官學校學生的家屬，但出了名的教堂，很快吸引全國的遊客慕名前來，即使不進入校門，也可以遠眺，後來開放一般遊客進入，校內再增設遊客服務中心，加上原有的飛機展示場，成了熱門的景點，想參觀，不必預約，也不必買票，開放時間內即可進入參觀，守衛只檢查包包有無攜帶武器等危險物品，但一般包包則不能帶進教堂內。

1

Hubert Reilly Harmon, Lieutena
Founder and first Superintendent of

2

❶ 第一任校長漢孟的紀念銅像　❷ 美軍除役的戰鬥機　❸ 廣場上展示的各種模型與雕像

整座教堂高有46公尺，兩端長約85公尺，外觀設計就很吸引人，當你再走進教堂，更會禁不住的「哇」一聲，彷彿來到了魔幻仙境，全以彩色玻璃搭建成三角錐狀的內部，陽光就從這五顏六色嵌在鋁合金的玻璃穿透進來，光芒四照，讓你有如置身寧靜天國的領域，鮮豔色彩的設計又不失宗教的莊嚴。

官校很重視學生的宗教自由，宗教其實也是一種生活上的精神寄託，因此一個那麼大的教堂內，也分別設了天主教、基督教、猶太教的禮拜堂，另設較小的佛堂與清真寺，每個宗教有各自的出入口，禮拜時不受外界干擾，用心良苦，也面面俱到，參觀、拍照，遊客中心有賣夾克、馬克杯、明信片、T-Shirt等各種紀念品。

Notes

免費參觀，記得帶證件

很難得軍事學校會開放給一般遊客參觀，所以來科羅拉多州，這裡是必遊之地，絕對值得參觀，又不必花錢買門票，多好啊，只要是有開放給遊客參觀的地方，大多不必擔心拍照是在竊取「軍事機密」，但記得一定要帶有附照片(如護照)的證件供查閱。

Info

http www.usafa.edu/superintendent/pa/visitor-center

➡ 走25號州際公路，在150公里處下公路

🕐 08:00～18:00，遊客服務中心：09:00～17:00

派克峰
Pikes Peak

有如世界之頂的山峰

一邊欣賞美景，
一邊輕鬆地登上世界之頂

在台灣，想登上第一高峰海拔3,952公尺的玉山，並不容易，因為需要很大的體力，有機會來到美國中西部的科羅拉多州，別忘了一定要安排這一趟行程，坐上已有百年歷史的齒輪火車，一邊欣賞美景也能輕鬆的登上海拔4,302公尺的派克峰(Pikes Peak)，也許還可以為自己寫下了有生以來攻上最高峰的紀錄。

科羅拉多州有著許多世界級的自然美景，派克峰是必遊景點之一，它是美國最有名又最受歡迎的山峰，僅次日本富士山，世界第二多遊客造訪的山頭，早在1806年探險家澤布倫派克，就曾試圖登峰，但沒有成功，這也是最早的攀爬紀錄，自此取名派克峰，但今天你不必攀爬，可以坐火車，甚至自己開車到山頂上。

沿25號南北跨州公路，在科羅拉多泉市(Colorado Springs)轉入24號州路再西行，抵山腳下的馬尼托泉小鎮(Manitou Springs)，就是登山的起點，早年上山是條馬車路，1913年第一輛汽車開上山頂，21公里陡峭的道路要爬升2,300公尺，原是土石道路，2011年鋪上柏油，因此開車上山要花40美元的過路費。

搭火車上山出遊

火車在1891年就已開上山頂，是美國海拔最高的火車鐵路，也是全世界海拔最高的齒輪火車鐵路，花35美元可搭火車上山，14公里的車程要花1.5小時，可從海拔6,571英尺，山底下的火車站到海拔14,110英尺的山頂，等車的時間，可以參觀小小的火車站裝飾的博物館，還沒坐上火車，你就能了解它豐富又有故事的百年歷史。

「火車來了！」豔紅色四四方方的車廂，左右兩邊一排排木質座椅，設計很奇特，一群學童擠進來，原來派克峰也是學校出遊最熱門的去處，經常是整個車廂都是學童，想來搭這趟火車，最好先事先在網路上訂票，臨時要搭不容易。

看著學童興奮不己，讓車廂內也充滿歡樂的笑聲，火車從平地緩緩爬升，窗外的景色也跟著變化，翠綠的樹林逐漸消失，取而代之的是光禿的山壁奇岩以及枯木，遊客們都會不時好奇探頭，從偌大的窗戶望去，優美的景色就令人陶醉。

火車就這樣「爬著爬著」行駛過茂密翠綠的森林，再經過4個生態區，這時麋鹿、長角山羊、黃肚鼹等野生動物，還會不時突然出現在眼前，遊客驚叫連連，拿起相機拚命捕捉這些難得一見又有趣的鏡頭。

❶❷ 派克峰壯麗的高山景致

❶ 站在派克峰的山頂可以眺望到鄰近4個州的山脈
❷ 從派克峰眺望山下的湖泊
❸❹ 登山火車位在山下的火車站及時刻表
❺ 火車抵達山頂，遊客利用停留時間欣賞風景拍照
❻ 鐵路沿線都有標示海拔高度及位置
❼ 派克峰最高點海拔14,110英尺
❽❾ 派克峰山上的紀念品店
❿ 凱瑟琳貝茨歌訟的詩詞──錦繡美國

置身在山頂的迷霧中有如仙境

火車爬升到1萬英尺的高度後，窗外景觀已是滿山谷的苔原與風化的大小石塊，白白殘雪點綴其間，寒風吹來，感覺吸呼有點急促，不知不覺的已駛抵派克峰的最高點，火車就好像停在半空中，鮮紅的車廂，與藍天白雲，構成一幅壯麗的景色。

「世界好像都在我腳下」。踏出車廂的那一步，心臟加速跳動，是興奮還是高山症？暫時忘卻這一刻，就靜靜的站在山頂上，眺望鄰近4個州的山脈，層層相連一座座的高原，是白雪還是白雲，是山還是天，都好像沉睡在迷霧中，那一刻讓人忘我，記得在海拔標示牌前照張相存證喔！

美麗動人的讚美詩詞

　　派克峰在1858年墾荒期間，曾在北邊山脈發現金礦，不久雖在山峰西南的克里普爾溪(Cripple Creek)也有發現，但歷史上整個淘金時期仍都一直用派克峰命名。

　　1893年，33歲的衛爾斯利女子學院英語教授凱瑟琳貝茨(Katharine Bates)調到科羅拉多泉市任教，有天也來到派克峰旅遊，站在山頭有感而發，寫下歌訟讚美派克峰的詩詞，在教堂唱詩班擔任指揮的塞繆爾‧沃德將他譜曲，成了一首讚美母親的聖歌。沃德在1903年去世，但這首歌曲在1910年正式發表後，成了美國歷史上幾乎大小場合上，人們都能朗朗上口的歌曲——錦繡美國(America The Beautiful)，雖不是國歌，但各種球賽比賽前，選手球員觀眾必合唱這首歌曲，很振奮人心。

派克峰的山頂除了海拔高度的標示牌，就只有豎立了這座刻有整首詩詞(歌詞)的巨石區牌，詩詞內容其實是在詳細敘述派克峰美麗動人的自然景物有多偉大，每每讓造訪的遊客感動不已。

站在世界之頂的難忘旅程

不論何時來派克峰，高山山頂的氣溫都是在攝氏零下，戶外最好不要停留太久，山頂上還設有遊客服務中心，進到屋內取取暖，喝杯熱騰騰的咖啡或可可，買點喜歡的紀念品，火車大都停留半個小時就會下山，可別錯過了時間，否則只有搭人家的便車或走路下山了！

旅遊美國，過去常是團進團出，較沒有機會以自由行的方式走訪其他角落，當有機會再來美國，派克峰絕對是來中西部科羅拉多州之行的必遊景點。

「這是值得去的地方！」派克峰也許不是人間仙境，但絕對會令人留下深刻記憶，一生中沒有太多的機會站在有如「世界之頂」的山峰上，一望無際，世界之大我是多麼地渺小，但這一刻世界卻都在找腳下，相信在這裡也可以夢想起飛，重新體驗人生，也可以寫下一段最難忘的旅程。

⚑ INFO

http www.pikes-peak.com

✉ 515 Ruxton Ave., Manitou Springs, Colorado 80829

☎ (719)685-5401

➡ 走25號州際公路，在141公里處接24號公路

Notes

路途陡峭，建議搭火車

前往派克峰建議搭火車上山，事前先購票，遇到假日遊客多，有時還常有學校學生團體出遊，雖然也可以自己開車上去，但路況不是非常好，加上陡峭彎曲，除非買不到火車票，而行程安排一定要上山一遊才建議開車上山，不論是什麼時候上山，山頂都很冷，建議記得帶件外套避寒。

❶ 派克峰位在山頂的終點站就在山崖旁，鮮紅的車廂與山景爭艷　❷ 很讓人懷舊的的火車車廂　❸❹ 車窗外欣賞沿線秀麗的風光

風洞
Cave Of Wind

昏暗狹窄的迷宮洞穴

科羅拉多泉市的風洞，又稱為「風之洞」，單從它的名稱就知道應該與洞穴有關，提到風洞(Cave Of Wind)，在南達科他州有個「風洞國家公園」，另在知名的尼加拉瓜大瀑布也有一個知名的「風洞」，這裡因位在上帝的花園附近，常是遊客順遊前來參觀的景點，有其特色。

1

❶風洞的洞穴內大多是千年的鐘乳石岩　❷位在山谷的風洞　❸風洞的入口　❹洞穴狹長而複雜，必須有專人導覽解說

　　這個「風洞」位在一處1881年就開採的礦坑附近，在1984年被發現，裡頭有不少石灰岩形成的洞穴，裡面有大批的美麗鐘乳石，還有各種礦石，通道狹長，後來開放給遊客參觀，但參觀都必須由導覽人員帶領才能進入，進入之前還要點人頭，再一起進入，以避免有人沒有跟上隊伍，在洞穴內迷了路出不來，有些洞穴後來也封閉。

跟緊導覽員以免迷路 Tips

參觀風洞一定會有導覽員帶領進入，遊客必須全程跟著走以免迷路走不出洞穴，門票也依參觀的路線長短有所不同，不想進入坑洞不必購票，因就位在山谷中，外面景色也很壯麗，有時會有讓遊客體驗「淘金」的活動。

131

參觀洞穴外，別忘了買紀念品

洞穴很像迷宮，如果沒有導覽人員帶領，還真的不知怎麼走，洞穴內燈光也不多而昏暗，導覽人員會一站一站的介紹，有些通道狹窄，有時還要低著頭才能穿越，走在洞穴內非常清爽，不時有涼風吹過來，有些洞穴推測曾經有人居住過，被命名為「無聲之室」，後來陸續再發現其他洞穴及通道，走一趟約40分鐘，感覺就像一趟無底洞的探險之旅。

除了可進入洞穴參觀，也可在遊客服務中心用餐、購買紀念品，遊客中心就建在一處懸崖上，站在欄杆向下望，心跳會加速，前方的山壁上仍可看到早年開挖礦坑的遺跡，這個景點就位在科羅拉多泉市(Colorado Springs)24號公路上。

↓INfo

http www.caveofthewinds.com

✉ 100 Cave of the Winds Road, Manitou Spring, CO 80829

📞 (719)685-5444

➡ 走25號州際公路，在141公里處接24號公路

❶ 遊客中心及紀念品店
❷ 風洞的餐廳
❸ 風洞的售票亭會張貼相關資訊供遊客參考
❹ 餐廳外能俯瞰周邊景致

佳能市

Canon City

城市印象 About Canon City

這是位在科羅拉多州西南邊的一個小城市,它的英文名稱「Canon」,還以為與日本相機大廠Canon有關,因此也有人直譯「堪農市」,但其實它是用西班牙文的拼字。海拔1,625公尺,四季如春,人口約2,000人,城內還有一座聯邦監獄,就位在50號州公路旁。

佳能市城內多是早期西部的老建築,見不到任何高樓大廈,但早在1983年就被列為國家重要歷史區(National Historic District),鎮內有兩個全美有名的風景名勝,一是「皇家峽谷大橋」,另一是「皇家峽谷火車」。

這個以採礦建城的城市,早年淘金熱帶來居民而發展,1877年因阿肯色河(Arkansas River)上游發現銀礦,佳能市還受到兩家鐵路公司的爭奪修建鐵路的大戰,互相在河兩岸丟炸藥到對岸,先後長達6個月才經法院裁定,由Denver & Rio Grande Railroad公司興建穿越峽谷沿著阿肯色河的這條鐵路。

佳能城發現銀礦而發達,1878年更挖到大量的恐龍化石,成為歷史考古的研究中心,接著又在1891年發現金礦,煉金工廠林立,也帶來更多的工人,不過早年這裡也非常荒涼,人煙稀少,後來更在這裡興建了13間的聯邦監獄,關的都是重刑犯人。

▼info

http www.canoncity.org

➡ 從丹佛市沿25號跨州公路、85號州際公路向南行,在102公里處左轉接上50號公路向西

皇家峽谷大橋
Royal Gorge Bridge

曾經是全世界最高的橋

世界知名的大橋之一，在這裡你可以輕鬆散步慢慢欣賞

位在科州佳能城(Canon City)的著名景點「皇家峽谷大橋」，是一座跨越阿肯色河(Arkansas River)，建在河流上峽谷之間的吊橋，橋長1,260英尺(384公尺)，橋面到河面高度有1,053英尺(321公尺)，1929年興建，造價30萬美金，只花了6個月就完工，在2003年之前一直是全世界最高的橋，目前在全美排名第二高。

這座橋曾被遊客及網友們列為「世界十座最驚奇的橋之一」，但也有遊客認為用「恐怖」來形容還比較貼切，橋面是用1,292塊的厚實木板鋪設而成，一般車輛也可行駛，喀喀作響，除非站在橋邊向下望，並不會感覺出橋高度的可怕，有人看了腿軟心驚膽顫，321公尺的高度，腳下的河流像小河，火車成了玩具，很刺激。

❶ 大橋粗大的纜繩
❷ 遊客多選擇徒步走過峽谷大吊橋
❸ 這裡也有「天空之橋」，讓你試試膽量站在峽谷上

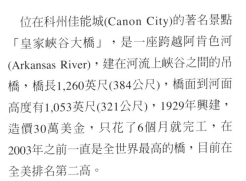

擁有占地寬廣的主題樂園

　　來這裡，最主要是體驗這座曾經是世界最高的橋，但這裡也是一座占地廣達360英畝的主題公園，有20個遊樂設施，其中還有一座世界最傾斜(45度)的「斜坡式」纜車，遊客可以從峽谷最上方搭乘，直達峽谷的最低處的「皇家峽谷火車站」，單趟要花約6分鐘。

　　此外，還有空中纜車，遊客步行走過大橋後，再走到山頂的纜車站，可改搭纜車橫越超高的峽谷再回到入口處，纜車離河面也超過300公尺，稱得上世界之最，想更刺激的還有一種稱為「飛鷹號」的空中飛車，座位很像滑雪場的載客纜車，雙腳懸空，速度快到讓你驚叫連連，也讓你體驗飛越高空峽谷的快感。

❶ 曾是世界最高的峽谷大吊橋
❷ 跨越峽谷的纜車
❸ 免費的遊園車
❹「傾斜式」的迷你纜車

回程選搭纜車更多體驗

這裡其實也是一座公園或主題樂園，大吊橋是最主要的景點，一般車輛也可以通行，你可以徒步而過，不想走也可以搭公園內的免費遊園車，走到另一頭有座小小的野生動物園，以及遊樂設施，回程時不必再走大吊橋，可以改搭高空纜車，此外也可以搭另一種很奇特又迷你的傾斜式纜車，直下谷底的皇家火車站，觀看火車行駛而過的情形，以及溪流中泛舟活動，你會感覺上山炎熱，山谷卻非常清涼，2013年6月因乾旱發生森林大火，這裡也被大火所波及，有部分設施被燒毀，損失很嚴重而一度關閉，幸又重新整建，陸續再對外開放。

很有刺激性的空中「飛鷹號」

橫跨高山峽谷非常壯觀的大吊橋

全世界只有3個的特殊時鐘

　　皇家峽谷大橋的入口處還有一座很特殊的時鐘，是用水力發電的時鐘，4個不同大小形狀的鐘，分別標出年、月、日及時間，據說全世界只有3個，大門旁還陳列兩台古老的火車頭，是同一公司「皇家峽谷火車」公司退休的火車頭，離開前別忘了參觀拍張照片。

　　皇家峽谷大橋公園全年都開放，不受雪季影響，其中5～9月是旅遊的旺季，票價一年四季都不同，一般個人票(12～59歲)29美元，搭乘公園內的遊樂設施經常都要排隊，是全美旅遊人數排名前幾名的景點，估計已超過2,300萬人到此一遊。

大門口很特別的水力發電時鐘

↓INFo

http www.royalgorgebridge.com
✉ 4218 County Road 3A, Canon City, CO81212
☎ (719)275-7507
➡ 從丹佛市走25號州際公路，在102公里處轉50號州際公路抵Canon City市的近郊

皇家峽谷火車
Royal Gorge Route Railroad

風景最美的觀光鐵路

　　皇家峽谷火車是全美最複雜的鐵路之一，歷史悠久外，也是科羅拉多州甚至被稱爲是世界上風景最美的觀光鐵路之一，成立至今已超過130年以上，1998年鐵路公司重新營運以來，每年都吸引超過10萬名遊客前來搭乘，體驗50年代的火車懷舊之旅。

　　火車站的起點，位在丹佛市南邊2小時車程的佳能市(Canon City)附近，你可以選擇來回一趟2小時車程，一般的經濟艙，每人票價33美元，或是稱爲Vista透明車頂的頭等艙，每人票價58美元，還有一種傍晚出發來回3小時在車上用晚餐的特別列車，遇到耶誕節等節日有時還會加開列車。

　　「皇家峽谷火車」與「皇家峽谷大吊橋」屬同一個旅遊景點，時間安排的妥當，上午可以先搭火車，中午返回後，下午再去大吊橋，或是先去大吊橋，下午再去搭火車，有時要看買不買的到火車票，因爲班次有限，大多是先從網路上預訂，當天購票要看運氣。

●❷ 從峽谷大吊橋向下觀看穿越峽谷的皇家峽谷火車
❸ 皇家峽谷火車站
❹ 橘色的招牌車頭
❺ 乘客也可以在「露天」的車廂上拍照欣賞兩邊風景
❻ 皇家峽谷火車站廣場火車頭展示

皇家峽谷幹線鐵路

　　這條鐵路也稱為「皇家峽谷幹線鐵路」，1870年代因為在阿肯色河流域採礦而興建的鐵路，就建在有1,000英尺深的河谷峭壁之間，沿著河岸婉蜒而行，一邊是高山一邊是急流，非常壯觀美麗，當年為建築這條鐵路，還發生兩家鐵路公司爭權的「皇家峽谷戰爭」，直到1999年由皇家峽谷火車公司經營載觀光客生意，一直是熱門的火車路線。

　　早年是運送礦產，沿線仍可看到一些老舊的設施，火車每天載運一批批的遊客進到峽河遊覽，也可以另外付費在火車上用餐，非常愜意，尤其坐在半圓形透明玻璃車頂的最高級車廂內，感覺像在歐州瑞士，也可以走到沒有車頂的露天車廂，觀賞風景與拍照。

沿著溪畔穿越高山峽谷，體驗早年開礦的艱辛歲月

❶ 沿著「阿肯色河」沿岸而行的皇家峽谷火車
❷ 餐車可一邊喝咖啡用餐一邊欣賞窗外的景觀
❸ 最高等級的玻璃圓頂式車廂

火車雖是已有相當年代的老式車廂，但其特殊的橘色火車頭非常耀眼漂亮，行駛中也非常舒適，服務也不錯，有一節車廂是餐車，設有吧檯，可以坐在窗邊，邊喝咖啡邊欣賞風景，全程約2個小時，只在「皇家峽谷大吊橋」站停留10分鐘。

↓*INFO*

🌐 www.royalgorgeroute.com
✉ 330 Royal Gorge Blvd, Canon City, CO
📞 (719)276-4000
➡ 從丹佛市走25號州際公路，在102公里處轉50號州際公路抵Canon City的近郊

火車＋吊橋遊玩時間如何搭配

皇家峽谷火車大多是上下午各開一班上山，上午趕不上就要坐下午，可以與皇家峽谷大吊橋遊玩的時間互相搭配，有時還有晚上的特別列車上山，因主要是享用美食晚餐，票價較貴，但有不同的感受。

Tips

艾斯奔
Aspen

最耀眼的
金黄色山峰

城市印象 About Aspen

「Aspen」如果是直接譯成中文就是一種叫「白楊木」的喬木，在台灣也有，但絕沒有滿山滿谷的白楊木森林，這種樹到了深秋季節，整棵樹的樹葉全變成金黃色或橘紅色，翠綠的山峰全變成了黃橘色，有如染色的山峰，比我們常見的楓葉還美的那種美景，這個地方就因此命名為「艾斯奔(Aspen)」。

　　來到艾斯奔，除了是滑雪，很多遊客就是衝著賞葉(白楊木的葉)而來，一年之中大約只有2個星期的「賞味期」，當第一場雪下來時，掃落所有的樹葉之際就是結束了，放眼望去都是一片黃金色澤的山頭，一夜之間就成了一片斑白直立的枯木，想看只有等翌年，而且還要選對時間。

　　艾斯奔是科羅拉多州知名的城鎮之一，也是世界知名的度假滑雪勝地，離格蘭伍德溫泉區約1小時的路程，城鎮四周盡是白楊木，成了最耀眼最具代表性的景觀，這裡海拔平均約7,800英尺(2,400公尺)，最高點在西南角的城市邊界海拔8,460英尺(2,579公尺)，最低處也有2,335公尺，很典型的高海拔城鎮。

　　整個城市就位在洛磯山脈的「麋鹿山」下，又有一條「咆哮叉河」流過，城鎮只有10平方公里，人口也不多約7500人，早年也是採礦而建城，但因整個地區到處都是白楊木，這個城市在19世紀80年代蓬勃發展時，就取名「Aspen」，直到20世紀中成為滑雪勝地後，因風景太美，房地產投資客在這裡大興土木，成了有錢人的度假城市，連電影明星、音樂家，甚至阿拉伯的有錢人，也都在這裡買房子，土地因而貴到嚇人。

❶ 艾斯奔市郊的教堂
❷ 白楊木
❸ 艾斯奔的高級度假飯店
❹ 懸湖的瀑布

Notes

房價高，不建議住宿

這是一處世界知名的滑雪勝地，有錢人在
此購屋置產，以致房價非常高，來此遊玩
不建議在此住宿，但整個城市很美，尤其
是入秋以後，很值得進城去參觀，一般遊
客如果不是去滑雪或住宿，大多不會進
城，而是直接往栗色湖遊玩，再回格蘭伍
德鎮的溫泉區住上一晚。

↓*info*

http www.aspenpitkin.com
➡ 從丹佛市走70號跨州公路，在116(Glenwood
-Springs)南下接82號公路

格蘭伍德溫泉
Glenwood Hot Springs

全美知名溫泉度假城

美國最有名最美的溫泉區，以及最大的溫泉池都在科羅拉多州。最有名最美的溫泉區在帕格沙，最大的溫泉池則在格蘭伍德。你曾想像過，如果200人可以同時在一個溫泉池內泡溫泉一定很壯觀，真的就有這個地方，就是位在70號跨州公路上的格蘭伍德溫泉。

沿著70號跨州公路向西行，距離科羅拉多州首府丹佛市西方約240公里，從70號跨州公路116號出口的格蘭伍德城(Glenwood)，是美國中西部東西向跨州公路上重要的一個城市，也是全美最知名的一個溫泉度假城，泡溫泉是全年的首選，夏季則是泛舟(漂流)、登山健行及騎單車的熱門戶外休閒去處。

地理位置佳，交通要道上的重鎮

這個只有12平方公里的小城市地理位置佳，但有五分之一的面積是水域，科羅拉多河、叉河兩條湍急的溪水在城裡流過，夏天就成了水上活動最有名的水域，一艘艘五顏六色的橡皮艇，隨著急流而下，水花四濺，驚叫連連，岸上遊客經常看得入神，頻頻為他們吶喊加油打氣。

這裡也是交通重鎮，除了是70號跨州公路的中繼站、休息大站，還有歷史悠久的火車鐵路經過，在鎮上河畔設有火車站，每天都有火車停靠，長久以來一直是洛磯山整個區域的經濟和交通運輸重鎮。

❶格蘭伍德溫泉的泡湯池大得像座游泳池
❷格蘭伍德鎮一景
❸格蘭伍德火車站

格蘭伍德成名的由來

History

格蘭伍德城是個老城市，是北方尤特印第安族的老家，早在1883年洛磯山金銀礦開採全盛期起，就因為靠近礦區使當地的溫泉出了名，當年遍地是帳篷、木屋及出租給淘金墾荒者休憩的場所，街上酒吧賭場林立，馬匹馬車來來往往，是很典型的美國早期西部城鎮，現在走在街上，不少建築還保留那風格，讓遊客還能感受到一些那時的氣氛。

當時因為淘金熱，有不少人發了財而過著紙醉金迷的生活，當地人自己取了個名叫蔑視鎮(Defiance)，來形容這個城鎮，但建城者的老婆庫珀夫人嫌這個城市地名太低俗，後來把城市名改成她故鄉愛荷華州同名的格蘭伍德城。

❶ 格蘭伍德溫泉的老飯店
❷ 每年都吸引大批遊客來此泡湯戲水
❸ 從山腰俯瞰格蘭伍德城
❹ 溪畔的公園
❺ 位在70號跨州公路旁的格蘭伍德溫泉度假村
❻ 刻滿各種圖騰的公園木雕柱

超大室外泡湯池

提到溫泉，不是小而美，像其他溫泉度假區有一個又一個的泡湯池，也不在溪谷旁，而是兩個超大游泳池的室外泡湯池，一個池水溫較低，可游泳戲水，另一個池水溫較高，只能靜靜的泡在水中，不少年長者還邊泡溫泉邊看書，泡一次溫泉約花20幾塊美元，可以從一早泡到晚上10點結束營業，如果是住飯店，泡湯是免費附送。

很多遊客來到這裡，見到兩個大水池，都懷疑是不是真的溫泉，甚至見到滿池人頭鑽動，都想打退堂鼓，不想下水泡；水絕對是溫泉水，業者還特別把「源頭」溫泉引流的出水口，在兩個大溫泉池上方，設了一個小池子見證，水溫極高，當然禁止在此泡湯，但常見有人取水裝進瓶罐內，是飲用還是其他用途就不得而知。

格蘭伍德溫泉的水源和其他溫泉區有相同之處，也是尤特印第安族人發現，他們最早用來治療一些痠痛毛病，而水源位在揚帕蒸汽洞穴(Yampah Hot Spring Vapor Caves)，從這裡引水而來，溫泉有管制，不會像台灣很多的溫泉區，大家搶著分溫泉水，到處都是一條條的管子，在這裡完全看不到，確保品質讓你安心泡溫泉。

設有大型遊樂場、公園步道

來到格蘭伍德城，不一定只為了泡溫泉，附近還有大型遊樂場，沿著山壁的雲霄飛車，跨進峽谷的鞦韆，不敢滑雪的遊客，也可試試北美第一座帶你滑降1,036公尺海拔高度的雪道飛車，1,300公尺長，費時7分鐘就可載你上鐵山(Iron Mountain)的高速高空纜車，讓你欣賞附近洛磯山山脈的優美景色！

交通方便，觀光熱絡

這個溫泉度假村因就位在70號跨州公路上，交通非常方便，使小城鎮觀光旅遊休閒非常熱絡，走在街上盡是各地來的遊客，是一個很熱鬧的城市，遊客一定都會在此住上一晚，也有遊客在此住上兩晚，可以就近前往懸湖及栗色湖兩個景點，傍晚回來可以泡上溫泉充分休息再走下一個行程。

除了上述的休閒活動，城鎮依山傍河，沿著河岸還有不少公園與步道，即使只是漫步其間也不錯，空氣好，景色美，還可走上跨越河川的一座座橋梁，站在橋上，只見湍急溪水有時就像萬馬奔騰在腳下穿過，深秋季節則放眼都是楓葉等變色葉的美景，不同的時節來到這裡，有不同的風味。

含套裝旅遊的住宿選擇

鎮裡有家全美最有名的老飯店，1893年就建好著名的科羅拉多旅館(Hotel Colorado)，飯店又被稱為美國西部的白宮(White House Of The West)，因為地理位置不錯，進可攻退可守，地點隱密，200多年來好幾個總統總是在戰事時入駐此地。

1895年另一家飯店——格蘭溫泉旅館開始營業，經多次整修，目前是城裡兩大溫泉泳池之家，不想駕車前往格蘭伍德城，在丹佛火車站每天一班美國客運火車(Amtrak)經過這裡，網上預訂，連同來回車票、旅館住宿、溫泉泡湯、娛樂區，和纜車全包括在內的旅遊套裝旅遊，是最方便最受歡迎的選擇。

✦INFO
http www.hotspringspool.com
✉ 415 East 6th Street Glenwood Springs, CO 81601
☎ (800)537-7946
➡ 丹佛市走70號跨州公路往西行，在116公里處，下高速公路抵Glenwood Springs城鎮

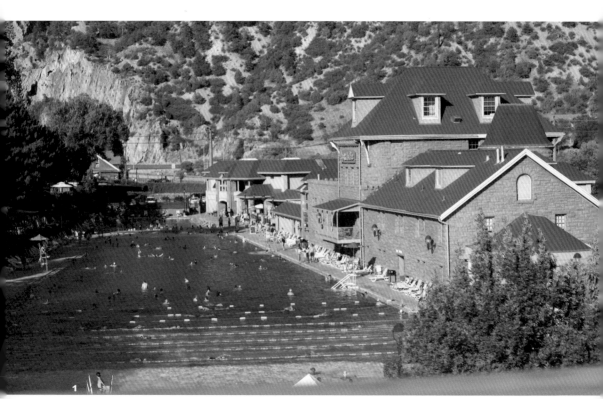

❶ 超大的室外泡湯池，可以一邊游泳一邊泡溫泉
❷ ❸ 溫泉區的度假飯店
❹ 遊客泡完溫泉喜歡在躺椅上做日光浴

❺ 泡溫泉很舒服，裡頭還有按摩噴水
❻ 不喜歡白天泡溫泉可以選擇利用晚上

1

懸湖
Hanging Lake

華人遊客都說，
這裡有如迷你版的
中國九寨溝

　　懸湖就位在格蘭伍德峽谷上，距離格蘭伍德溫泉區只有16公里，很多遊客會先去懸湖再去泡溫泉，因為去懸湖需要耗費不少體力，而且也屬於較高難度的一種爬山或健行，陡峭的路也不太好走。

　　懸湖屬於懷特河國家森林公園的一個景點，從入口處開始登山起，雖只有短短的2公里(1.2英里)路程，但因沿途都是怪石嶙峋及碎石子路，少有平坦的路面，加上陡峭及急速爬升，跋涉相當費力，不過登山步道幾乎都是沿著一條叫死馬溪(Dead Horse Creek)，屬科羅拉多州支流)的溪畔而上，約需花2個小時，還要走過一段斷崖才能攻頂，才會看到懸湖。

　　到底有什麼魅力，每年從3月下旬融雪後到12月下旬第一場大雪封山這段期間，每天都吸引成千的遊客登山賞懸湖，說了半天就只有自己走一趟才能了解，有來自亞洲的華人遊客說，懸湖可以媲美大陸的「九寨溝」，也有人說簡直是迷你版的「九寨溝」。

① 高山湖泊——懸湖
② 要登上懸湖的山下入口處
③ 很多遊客穿著簡單就登山
④ 前往懸湖的步道以及沿途景致

⑤ 高山上的蝴蝶
⑥ 可愛的小松鼠一點也不怕生，
　還會向遊客「討」食物

Notes

路段多碎石路，需備好體力

雖然只有2公里的路，但路況不是非常好，大部分的路段在林間山谷中，沿溪床旁而走，一般腳程上山約需2個小時，有些路段是碎石路，最高處陡峭需沿山壁攀附欄杆而上，需體力與耐力，來回一趟最好安排至少半天的時間。

透明清澈的湖面宛如一面鏡子

懸湖不是很大的高山湖，在經過百萬年含有豐富「碳酸鈣」的雪水浸蝕及沉積而成，湖面透明清澈，翡翠的綠，潔淨的就像一面鏡子，天空的藍四周翠綠的林木，倒映在湖中，讓你有時還看不出哪個才是真哪個才是影。

乍見懸湖讓你讚嘆連連，忘卻剛才氣喘如牛一度想放棄的念頭，更忘了所有的疲憊，懸湖是主角，別忘了湖的上方還有兩個高高美美的瀑布，可以穿越瀑布下方的洞穴，有如水簾般，瀑布下沖的水所產生的水氣中充滿芬多精，深深的多吸幾口氣，像最天然又健康的冷氣，最新鮮不過，多呼幾口感覺還可以清清肺，舒爽無比。

懸湖特殊的地質，成為科羅拉多州最美的一個高山湖，雖然海拔高度不高，只有2,146公尺，但到了冬季下雪後，湖面會結冰，瀑布會變成冰瀑，但不易上山，這個奇景，從2011年起被美國內政部列為國家天然地標。

↓INFO
http en.wikipedia.org/wiki/Hanging_Lake
➡ 從丹佛市走70號跨州公路，在119公里處下公路

❶懸湖上方還有兩個瀑布，其中一個是從岩石洞裡噴出，非常特別
❷懸湖的瀑布像一串串的珍珠落下
❸枯倒的千年老樹沉在湖中也成一景

栗色湖
Maroon Bells

沿路金黃色樹葉美不勝收

從格蘭伍德溫泉區沿著82號州公路向南行，約1小時的時間可以來到世界最知名的滑雪場之一艾斯奔(Aspen)，這裡也是有名的高級度假勝地，不過很多遊客都只是路過此鎮，來此的旅遊目的地是栗色湖。

「就像一張風景明信片」。位在艾斯奔(Aspen)世界知名滑雪場附近的這座高山湖，湖光山色之美，常被譽為全美最美的山景，不費力氣就能抵達的高山湖泊——栗色湖，海拔9,580英尺(約2,920公尺)，而湖泊盡頭的主峰栗色峰，高14,156英尺，相當4,315公尺，就近在眼前，你甚至於就可以輕鬆的走到山腳下仰望，那就看你的時間安排與體力了。

　　前往栗色湖非常方便，可以自己開車免費進入，但需在上午9點之前下午5點之後，其他時間就限制一般車輛進入，需改換搭公共巴士，且每人需花8美元的車費，每半小時就有一班，如果是入秋來此，沿路滿是金黃色樹葉的白楊木，好像穿越了一條迎賓大道，美不勝收。

　　潔淨的湖水靜如一幅畫，沿著湖畔漫步，輕鬆又悠閒，很難想像這是一座高山湖泊，而四周高山環抱，其中栗色峰其實是由北主峰、南主峰兩座山相連成一體而形成，隨著季節變化萬千，湖泊、盆地、高山，都是攝影者最喜歡的山景，也是風景明信片最常見的一個景。

❶ 美麗的湖光山色
❷ 公園的接駁巴士
❸ 湖中海瀨的家
❹ 前往栗色湖騎單車也是一個選擇

157

栗色湖是一張最美的風景片

栗色湖之美，春夏秋冬各有不同的景致，你喜歡春天花開之際，那就春天來訪，愛戀秋天的楓葉，那就挑入秋之際，最常聽到的一句讚美，就是這裡景色經常是風景明信卡的首選，湖光山色有如歐洲，連上午與下午前往，也都因與日照有關，景色也不一，中午時分山頭最清晰分明，藍天白雲相襯就像一幅山水畫。

❶～❸ 公園內各種導覽牌示
❹❺ 公園的動植物

↓Info

http en.wikipedia.org/wiki/Maroon_Bells

➡ 從丹佛市走70跨州公路，在116號公路格蘭伍德溫泉(Glenwood Springs)南下接82號公路往「艾斯奔」的方向

艾文斯峰

Mt. Evans

黃澄澄一片
的山林景色

城市印象 About Mt. Evans

艾文斯峰(Mt. Evans)位在科羅拉多州首府丹佛市西邊100公里，主峰高4,348公尺，在全州54座超過4,300公尺海拔的山峰中名列第14，這座高山冰斗湖分割整座山的底盤，破壞原本的高原地形，經年累月的地層擠壓，打造出另一種壯麗的自然之美。

來到科羅拉多州旅遊，「艾文斯峰」經常是首選之一，有遊客形容這裡有如「人間仙境」，從山底到山腰到山頂，登峰之路沿途風景是如此的秀麗動人，有北美洲最古老的樹，有滿山滿谷白楊樹的黃，讓人如癡如醉，也是首府丹佛市唯美唯高，最醒目的天際線。

過去常會納悶，很多亞洲地區的華人千里迢迢來到美國旅遊時，為什麼都沒有想再進一步來到中西部幾個州探索，這裡也許不像東西兩岸的大城市那麼熱鬧繁華，人潮擁擠，但這裡有許多世界級的天然寶藏，不少景點都被認為是一生中必遊之地，這裡渾然天成的大自然，就是給遊人最好的歇腳石。

滿遍楓葉林的絕佳賞楓路線

沿著彎曲陡峭的小路纏綿而上，處處可見北美洲最古老的樹林，巨人峰自然生態園有千年神木，至迴音湖前為落葉生態區，參差著零星片段高原，長滿白楊木(Aspen)的山林，四季中天天都忙碌，早春滿山的嫩綠，幾日功夫就成了濃蔭，夏天上山，微風掃過，耳邊傳來唏唏嗦嗦的波浪聲。

進入秋冬是最美的季節，滿山滿谷白楊樹的黃，搭著長青的深綠，楓樹的橙紅，迎著風吹動，灑得滿天滿地滿臉的落葉，多層次的秋景，可比純賞楓給你加倍的感動，一直

以來是最受歡迎的賞秋路線。

偶而，樹林中也會躍出少見的
糜鹿和黑尾鹿，優雅的在身旁閒
逛，不時會探出頭來曬曬太陽，
有時站立朝天好像兩手在拜拜的
黃肚鼩，更讓你看得會心一笑。

峰會湖、艾文斯公路

位在山頂的峰會湖(Summit
Lake)是一座高山冰斗湖，早在
14億年幽幽歲月就形成的天然奇
景，從冰河時期由冰川穿越，衝
擊地層形成圓漏斗地形，經歷萬
年擠壓，低處猶如水壩，萬年冰

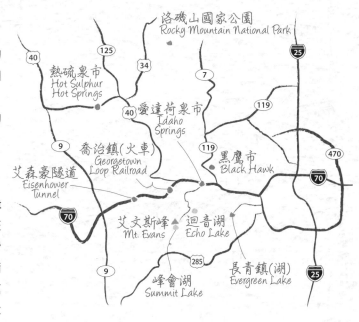

洛磯山國家公園
Rocky Mountain National Park

熱硫泉市
Hot Sulphur
Hot Springs

愛達荷泉市
Idaho Springs

喬治鎮(火車)
Georgetown
Loop Railroad

艾森豪隧道
Eisenhower
Tunnel

黑鷹市
Black Hawk

艾文斯峰
Mt. Evans

迴音湖
Echo Lake

峰會湖
Summit Lake

長青鎮(湖)
Evergreen Lake

封阻止著湖水流失，土層上僅夏天三個成長期的野花苔原，即使7月
山下熱瘋的時節，湖上還常飄雪，襯著附著在地面上低矮的萬紫千
紅，深幽湖水和蓋著白雪的光禿禿山頭，美呆啦！

❶ 高山景致蕭瑟迷人
❷～❹ 艾文斯峰入秋後的
白楊木美麗景致
❺ 峰會湖山頂幾乎是終年
可見白雪，倒映在湖中閃
閃發亮
❻ 這裡屬國家森林保護區
❼ 公園內常見的野生動物

城市印象 About Mt. Evans

❶ 深受遊客歡迎的賞楓路線
❷ 艾文斯峰的高山景觀
❸ 艾文斯峰的冬景

艾文斯公路(Mt. Evans Scenic Byway)是紀錄上美國境內最高海拔的柏油公路，環繞山峰，一邊是深不見底坡坡接連的綠苔原，遙望著不見盡頭，數不盡層次的無數山巒，一旁是伸手觸摸可著，寸草不生的大小花崗長岩，往天空裡疊高著，車行而過總有巨石砸頭的恐懼，傾斜陡升的路面，行在其上，直覺車都要開進天際裡，宛如飛上天，衝進天堂的心境。

深秋裡，我不再是山裡孤單的影子，收在相機裡許多拍攝時的興奮與快樂，驗證了最常聽到的一句話「相信自己，夢想絕對會成真的！」與來訪的老友攜手同遊這座高山，看盡了千年生命的延續，也是對萬年大自然的感動，面對著短暫的人生，豁然開達。

Notes

楓葉賞味期限定1個月

秋天楓葉變色時，上山的遊客與車輛最多，沿路的楓葉越往上越多越美，除公路兩旁，甚至整座山頭都是黃橘色一片，讓人不時停下車來駐足觀賞，道路多彎曲陡峭，開車要特別小心，因賞楓期最多只有1個月(9月下旬到10月中旬)，錯過了就是光禿的山林景色，山頂海拔高氣溫低，有時變天馬上下起雪或下起雨，很多人擔心路況，不會多停留就下山，如果要多停留，要多帶件禦寒衣物。

info
http www.mountevans.com
➡ 從丹佛市走70號跨州公路，在243公里處接103號公路再接5號公路

迴音湖
Echo Lake

坐落在森林中的優美湖畔

　　沿著湖畔的森林漫步，沉靜悠閒，來到這裡，感覺很不一樣，沒有擁擠的人潮，也沒有吵雜的聲音，只有陣陣從湖面吹來清涼的微風，迴音湖有個很特別的名字，也給你很特別的感受，你可以大聲叫喊試試有無「迴音」。

　　位丹佛西方54公里，沿著70號跨州公路向西行，轉103號州公路，在上艾文斯峰的風景道路(Mt.Evans Scenic Byway)之前，會先來到迴音湖小屋(EchoLake Lodge)，成了登山隊伍、自行車隊和遊客車輛，要上山之前的補給站或休息站。

　　從1926年這家小商店開幕後，一直成為遊客停留的休息站，站在小屋前向下眺望著湖，湖光山色盡收眼底，湖水平靜，淺淺但波色深沈，大片水域經常是半浮著長滿水草，這就是迴音湖(Echo Lake)，海拔標高3,230公尺，是萬年前冰川時期後沿著芝加哥溪谷(Chicago Creek)流下而形成的高山湖泊。

沿著湖畔漫步，
享受寂靜的悠閒感

愛好攝影者的天堂

　　湖邊經常看見垂釣者，這裡是有名的鱒魚
釣場，春夏時分則成了愛好攝影者的天堂，
在湖畔攝影也往往成了被捕捉鏡頭的景物，
襯著湖光的洛磯山頭雪景，湖畔的森林中還
有不少美麗可愛的小松鼠出現在眼前，不知
名的鳥兒吱吱喳喳叫著不停，好像在歌唱。

　　這個湖屬於阿拉帕霍國家森林(Arapahoe
National Forest)，附近山林全為千年長青針
葉樹，百年古木，盡是纏綿著野生的蕨葉苔
蘚，高聳入雲不見天日。環湖一周的步道連
結著通往芝加哥湖(Chicago Lake)和林肯湖
(Lincoln Lake)，兩大冰斗湖為登山口，路徑
陡峭但風景奇麗。饑腸轆轆下山後，小屋隨
時準備著山裡有名的美食煎魚和甜派供你大
快朵頤。

漫步森林公園
享受芬多精

Tips

位在艾文斯峰的其中一個上山的入
口處，湖不大、小而美，湖畔有座森
林公園，沿著步道環湖一周，輕鬆自在，走
在林間小路，不見陽光，清涼舒適，還可
享受森林中清淨的芬多精，湖畔有個遊客
服務中心，販賣很多紀念品及介紹。

INFO

http en.wikipedia.org/wiki/Echo_Lake_Park

➡ 從丹佛市走70號跨州公路，在243公里處接
　103號公路再接5號公路

❶ 松林中可愛的小松鼠好奇的探頭向你打招呼
❷ 迴音湖的景色
❸ 湖畔有著大片的針葉林木

峰會湖
Summit Lake

海拔最高的高山湖公園

總是寒氣冷風
逼人的高山湖泊

來艾文斯峰，迴音湖與峰會湖兩個湖泊正好是一個在山下一個在山上，離開迴音湖(Echo Lake)，轉入5號州公路上山，在45公里的路程上，車輛要爬升2,135公尺的高度，途經2個國家森林，以及3個自然生態區，這條公路有遊客就稱爲可以直達天際的艾文斯風景道(Mt. Evans Scenic Byway)。

如果是入秋季節前來，滿山滿谷的白楊樹，樹葉全變了色，搭配著長青樹的深綠葉，這些楓樹的橙紅色，迎著風吹動時，滿天滿地滿臉的落葉有如雪片落下，這條公路一直是最受歡迎的賞秋楓路線。

❶ 充滿秋意的峰會湖
❷ 峰會湖上的天氣千變萬化，難得山景都呈現在眼前

當你陶醉在那一片濃濃的秋意時，林中最常躍出麋鹿和黑尾鹿，給你一個驚喜，優雅的在閒逛，陪你一路上山去，公路旁的地洞中，還不時有探出頭來曬曬太陽日光浴的黃肚鼴，有時就站立著，雙手合十好像在拜拜。

沿途風景層層變化

車輛沿著山壁慢慢爬升而上，坐在車內呼吸也跟著急促，打開車窗，冰冷的寒風吹來，沿途風景秀麗，在林木線以下各種樹種順著生態區層層爬升變化，山裡有著北美洲最古老的樹，路上經過的巨人峰自然生態園(Mt.Goliath Natural Area)，有西元前320年就長著的神木，古木參天。

車輛開到山頂的最高處也是公路的終點，是有名的熊溪(Bear Creek)的源頭，這裡也是艾文斯峰中7個冰川湖泊中，水深最深湖面最大的峰會湖(Summit Lake)，這裡也是全美境內海拔最高的高山湖公園——峰會湖公園。

千變萬化的天然奇景

這個高山的冰湖，可是走過14億年幽幽的歲月才形成的天然奇景，從冰河時期，由冰川穿越，衝擊地層形成圓漏斗地形，經歷萬年擠壓，一面高出，低處成積，好像是一座

水壩，湖的東面平坦，一面爲永久凍土，萬年冰封阻止著湖水流失，土層上僅夏天3個月的成長期，仍可見耐寒的野花與苔原植物。

7月山下熱瘋的時節，山上的湖面有時還常飄著雪，襯著附著在地面上低矮植物的萬紫千紅，深幽湖水和蓋著白雪的光禿禿山頭，美呆啦！湖邊步道可上艾文斯頂峰，也可下至芝加哥湖(Chicago Lake)，但地勢很陡峭，頗有難度，倒是瞭望平台上看不見盡頭疊疊的山峰，不時被天空中千變萬化的雲海所覆蓋，也極爲壯觀。

山頂上已超越植物成長的界線，但土石地上仍見苔原，吸引總是如家人同行的高山羊和長角羊，見到車輛遊客也不怕，常大搖大擺在公路上，咩咩叫的沿途開逛，遊客驚喜連連野生動物如此親近，總是忙著按快門捕捉牠們可愛的模樣，同時也好奇的想知道，這些羊兒也是不是也學會了走在人類築的馬路上，可是比攀爬石頭容易多啦！

這趟高山行，不必花太多的體力與時間，讓你看盡老樹千年生命的延續，也對萬年大自然的感動，常覺得在面對人類短暫的一輩子，心情豁然開達，對任何事物實在沒什麼好計較的。

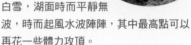

四季都能見到白雪

位在艾文斯峰的山頂，海拔有12,830英尺高，天氣多變，時而雲散微風吹，時而寒風濃霧籠罩，不論何時上山，山頭經常都還見的到白雪，湖面時而平靜無波，時而起風水波陣陣，其中最高點可以再花一些體力攻頂。

❶峰會湖的景觀步道
❷導覽解說牌詳細介紹幾個高山湖的位置
❸山頂上的巨石也呈現歲月的刻痕
❹在峰會湖釣鱒魚
❺春天融雪後的峰會湖景觀
❻高山上仍驚見不怕冷的鳥類

↓Info

🔗 en.wikipedia.org/wiki/Summit_Lake_Park

➡ 從丹佛市走70號跨州公路，在243公里處接103號公路再接5號公路，車輛可以開到最高點的山頂，但氣候不佳時會管制上山的交通

黑鷹市
Black Hwak

淘金小鎮不夜城

❶ 黑鷹市用老鷹當標誌，但現已少見老鷹出現
❷ 火車早已停駛，遺留下來的古董火車頭仍展現在街上

❸❹ 黑鷹市區現代化的賭場林立，但仍可見到早年採礦淘金時期的街景

美國很多州都有賭場，一般提到賭場，第一個都會想到位在內華達州沙漠裡的拉斯維加斯賭城，只是來到中西部的科羅拉多州，一樣也有賭場，但規模較小，也沒有拉斯維加斯那麼繁華熱鬧，位在山上的黑鷹市，早年因為開礦而繁榮一時，極盛時期就有了賭場，發展至今目前大大小小也有40幾家，位在過去的礦區內，也有其特色。

距離丹佛市很近，走70號跨州公路西行約65公里，再轉6號州公路北行55公里上山，白天上來，可以參觀早年一些採礦所保留下來的遺跡，當時鐵路也很發達，火車可以開到山頭，市區裡還可以看見已列為古董級展示的蒸汽火車頭，晚上可以留住一夜，品嘗各種美食或小試手氣，體驗不同風格的不夜城。

白天晚上不同享受

Tips

這是丹佛市也是科羅拉多州很有名，以賭場為吸引遊客的娛樂小城鎮，當然規模不能和知名的拉斯維加斯相比，因位在丹佛市郊的山上，如果對賭兩把沒有太大興趣，可以選白天去遊玩，參觀這個早年淘金的老城鎮，想享受美食或想試試手氣，安排住上一夜倒也是不錯的選擇。

淘金熱的浪潮不再

在1859年，格雷戈里先生(John Gregory)，在黑鷹市(Black Hwak)與中央城(Central City)之間的溪流河床上發現金砂，從此河谷就用他的名字取名為格雷戈里峽谷(Gregory Gulch)，消息傳開後，大批的淘金客湧入，也帶來數以千計的西部墾荒者，蔚為奇觀，沿著一處又一處被發現的礦區，聚居成鎮，最早就取名山城(Mountain City)，當時被還曾被譽為地球上最富有的平方英里。

淘金客中也有很多的華人，成了最早的移民，他們千里迢迢來到溪中淘洗金砂，也修築了鐵路，直通山下的金城(Golden)，以方便運送礦區的各種礦物，他們勤勞又肯吃苦，每天總計採礦量，總是名列前茅，引起其他淘金客眼紅，以致到了後期開的礦坑，竟被禁止再進入坑內採金了。

金礦沒落後，後來雖又發現能製核彈，世上最重的元素「鈾礦」，甚至到今天仍還陸續開挖中，但因整個礦域也被劃為國家歷史保留區，限制開挖，這個山上的小城鎮人口也因沒有工作開始外流，如今更成為科羅拉多州內人口最少的城鎮。

觀光旅遊的崛起

直到1990年，除了開始將一些早年的礦區列為古蹟加以保留，發展觀光旅遊，也開始經營賭場，以吸引更多的遊客上山，但大量興建飯店及大型賭場，卻也幾乎破壞了原來一些礦區的遺跡，賭場更取代了礦區的觀光業。

中央城為搶進更多遊客，在2004年更花下巨貲，興建了連結70號跨州公路長13公里的「央城大道」，也大大縮短賭客上山時間，2010年黑鷹市因交通擁堵，交通意外多，頒布了史無前例禁止在道路上騎自行車之禁令，違者開罰高達70美元，至今還爭議不斷。

❺賭場內最常見的吃角子老虎，可以花小錢試試手氣
❻賭場內的美食大多是吃到飽自助餐式
❼甜點好看好吃總讓人垂涎三尺

↓INfo

🔗 www.blackhawkcolorado.com
➡️ 從丹佛市走70號跨州公路往西行，再接119號公路直接開到山城

❶❷ 街景仍保留淘金期的風格
❸ 內裝有金薄的玻璃瓶，是紀念品店最搶手的伴手禮

愛達荷泉市
Idaho Springs
人口稠密的觀光大城

　　愛達荷(Idaho)這個地名很熟悉，沒錯，美國50州之一的愛達荷州，地名就與這個州有密切的關係。離科羅拉多州首府丹佛市西邊約50公里，一條叫清溪(Clear Creek)的沿岸河谷，早年西部墾荒者，先是搶占了印第安人的溫泉聖地，接著科州淘金熱，又在這裡發現大量的金脈，吸引更多的外來移民居住，這個山中的小鎮後來竟成了人口很稠密的大城。

　　早年住在這兒的古印第安人，每年都會遠從1,200公里外的愛達荷州跋山涉水來此過冬，1859年就正式取名愛達荷泉市(Idaho Springs)，後來70號跨州公路就沿著清溪興建，並在城南通車後，因離丹佛市不到40分鐘車程，現今不但是成了觀光重鎮，知名的拉夫蘭(Loveland)滑雪場休憩地，更是進入洛磯山各個景點的前哨。

Notes

彷彿置身西部時代的時空

小城鎮很有早期美國西部的風格，城鎮仍保留很多老建築，連走在街上，有時都會有時空錯亂的感覺，有如電影《回到未來》的場景，彷彿置身在西部時代。

↓ INFO

🌐 www.indianhotsprings.com

➡ 從丹佛市走70號跨州公路向西行，在240公里處下高速公路

舊礦區開放遊客參觀

淘金挖礦早已結束，但鎮上至今仍保存著數座舊礦區開放遊客參觀，博物館裡也展示著黃金期的歷史文物，城中大部分建築物仍維持舊觀，讓遊客感受濃濃淘金全盛期的豪氣，小鎮餐館中經常得排隊，賣的是必嘗名食——最熱門的美國「大野牛漢堡」。

全身塑敷的天然熱礦泉

這裡的溫泉則取名「印第安溫泉」(Indian Hot Springs)，是地下洞穴的湧泉，也是一種天然的熱礦泉，5個大小溫泉池，溫度在攝氏40～45度之間，據說溫度越高對筋骨痠痛越有療效，在此泡湯一定還得試試有名的「泥浴」，全身塗滿富含礦物質的黏土泥漿，在它風乾同時，好像把你毛孔中的毒素吸出，讓你皮膚有刺癢與緊實的感覺，有遊客說這可是最棒的「全身塑敷」。

❹～❻ 愛達荷泉市的「印第安溫泉」
❼ 櫥窗內展示著早年淘金期用的器具

History

科州第一金礦的發現

傳說中，一位叫喬治傑克遜(George Jackson)者，在散步時就在芝加哥溪(Chicago Creek)匯流進入清溪的河口發現了金沙，原以為只是溪流中的沙礦，幾個月後竟在清溪谷兩岸無數巨石中發現金脈，成為科州最早的第一金礦。

離丹佛市很近，是一日遊的最佳選擇，泡溫泉、吃牛排，還可參觀舊礦區

喬治鎮蒸汽火車
Georgetown Loop Railroad

欣賞沿線美景，體驗採礦

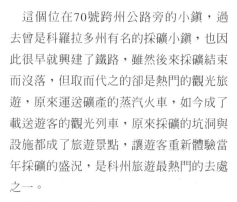

從20公尺高的古橋緩緩行駛而下，
欣賞這段最特別的鐵道

　　這個位在70號跨州公路旁的小鎮，過去曾是科羅拉多州有名的採礦小鎮，也因此很早就興建了鐵路，雖然後來採礦結束而沒落，但取而代之的卻是熱門的觀光旅遊，原來運送礦產的蒸汽火車，如今成了載送遊客的觀光列車，原來採礦的坑洞與設施都成了旅遊景點，讓遊客重新體驗當年採礦的盛況，是科州旅遊最熱門的去處之一。

　　這裡的窄軌鐵路早在1884年就興建完工，由一家叫喬治敦環鐵路公司經營，1938年停止採礦後一度封閉，直到20世

紀80年代才恢復行駛，而且改變經營型態主打觀光旅遊，雖然目前行駛的鐵路不長，只有短短的3.2公里長約1小時的行程，但沿著溪畔與山壁的螺旋狀鐵路，沿線風景非常美麗，每年都吸引超過10萬名的遊客前來。

參觀銀礦與欣賞美麗的鐵道

火車從喬治鎮開到銀羽鎮，中途會在一個叫「銀礦」的礦區停車，讓遊客下車參觀，在早年的採礦工作房裡，聽導覽者解說，接著再帶遊客進入500英尺深的坑道內體驗與參觀，坑道內終年保持著華氏44度左右的溫度，感覺有些冰冷，坑道內還可見到未被探光的銀礦。

從初春下雪後到深秋季節，這條觀光鐵路有不同的美麗景色，沿途會經過四座長度不一的橋梁，其中最長的一座呈圓型狀，火車在20幾公尺高的橋上緩緩行駛而下，司機員會鳴笛提醒遊客觀賞這一段最特別的鐵道，列車車廂採開放式設計，還有露天的車廂，遊客可以自己選擇，自由選座位，方便又很特別。

火車其實是在兩個鎮來回行駛，遊客可以選擇在喬治鎮或銀羽鎮上下車，一般都會選在銀羽鎮較方便，且這裡也保留了當年的車廠當做火車博物館，裡頭還有百年以上歷史的老火車頭，車站也設有服務中心與小商店，出售各種與火車及礦區有關的紀念品。

❶～❹ 搭著古董級的蒸汽觀光火車別有一番樂趣
❺ 已有相當歷史的老火車

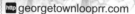

Notes

在古老的火車上傾聽它的歷史

在科羅拉多州有很多城鎮都還可以搭到古老的窄軌蒸汽火車，其中離丹佛市最近的喬治鎮，是遊客要體驗最方便的城鎮，雖然火車車廂有點老舊克難，但很有感覺，一路上鳴笛聲也能撼動人心，好像在訴說它的歷史。

¥INFO

http georgetownlooprr.com

✉ 825 Railroad Ave., Silver Plume, CO 804761

☎ 888-456-6777

➡ 從丹佛市走70號跨州公路向西行，在228公里處下高速公路

❶ 早年非常熱鬧的火車站「銀羽鎮」
❷ 火車站內的紀念品店，可以趁等車時去逛
❸❹ 進入早年的礦坑內參觀
❺ 控制鐵軌的開關很可愛

❶長青湖附近小鎮充滿西部風情的街景
❷❸長青湖如詩如畫

長青湖
Evergreen Lake

舉辦婚禮的熱門地點

這個就位在丹佛市近郊的湖泊，因不在很高的山上，就如同它的名字一樣，即冬天雪季，依然終年都是「長青」，雖位在海拔7,220英尺(2,200公尺)的山谷中，但狹長的湖，四周經常呈現翠綠的一片，夏天來到這裡各種水上活動熱鬧，步道圍繞著整個湖，即使繞著湖走一圈那種感覺也不錯。

說到步道，還延伸至湖中，走在這些原木的木棧道上，別有情調，湖畔一幢原木建築的木屋，依山臨湖，在層層的山陵前，倒有點像是浮在這一片沉靜湖上的一艘大木船，片片彩帆點綴其中，走近長青湖(Evegreen Lake)邊，第一眼都想驚呼在這山谷的荒原裡，哪來這麼美的湖光山色？

走285號州公路西行入山，再轉120號往西北，接74號熊溪路(Bear Creek Road)，離丹佛市約50公里的長青湖，水域只有約0.2平方公里，面積不是很大，到了冬季時，更成為離市區最近的室外天然溜冰場，整面結冰的湖面，是如此的白淨滑亮，成為滑冰刀的天堂！

釣魚、划船、駕帆等湖上活動

夏日環湖一圈約2公里的步道，沿途不乏寫生畫家和攝影師努力捕捉著湖上的美，這裡更是喜歡垂釣者的最愛，老老少少人手一桿，魚網裡裝著又肥又大的高山名產——彩虹鱒魚，不曾釣過這種魚的釣客，一下桿就大咬，那種快感好比在拔河很有趣，這種高山寒帶的淡水魚，肉質甜美又新鮮，更是老饕最喜歡的佳餚。

湖上休閒活動多，划船、駕帆，大木屋是遊客中心也是娛樂中心，也可以在這舉辦活動，美景當前又羅曼蒂克的湖畔，相信這兒主辦最多的就是婚禮了，離開了長青湖，不遠的地方就是長青鎮，仍保留了早期西部牛仔城的風格，街道、招牌、小店，處處都充滿50年代的景致，讓你有如置身在時光隧道中，古今難辨。

↯INFO

🔗 www.evergreenrecreation.com

➡ 從丹佛市走470號公路，再接74號公路

❶ 野雁是長青湖的常客
❷ 長青湖中的水生植物
❸～❹ 長青湖是熱門垂釣鱒魚去處
❺ 長青湖上的各種水上休閒活動

Notes

具有多功能的的休閒湖泊

丹佛市有很多自然的湖泊，這個湖泊則是較多人工設施，湖的四周設有步道，其中還跨越湖面，讓民眾遊客可以走在湖面上，湖上還有各種遊樂設施，算是具多功能休閒的湖泊，不過也有很多民眾喜歡在這個湖垂釣，他們說因為魚很容易上鉤，不知是不是真的有這回事。

汽船泉市
Steamboat Springs

國際知名的
滑雪勝地

城市印象 About Steamboat Springs

這是一個位在丹佛市西北邊接近懷俄明州邊界的熱鬧城鎮，是國際知名的滑雪勝地之一，也有不少溫泉度假村，但因地處比較偏遠，一般遊客較少會大老遠來到這，如果是前往洛磯山國家公園遊玩，可沿著40號州公路順道走訪。

聽到「汽船」這個地名就覺得好奇也很特別，直覺應該與輪船有關吧，早年這裡就以溫泉出名，還有條揚帕河流經城鎮，因為溫泉噴出的聲音整天隆隆作響，很多人都以為有汽船駛來，但發現並沒有輪船，後來乾脆就取名「汽船泉市」，泉市(Springs)，多指有溫泉的地方。

警車尾隨驚魂記

與友人三天兩夜的旅遊，特別安排走一趟

汽船泉市，只是抵達時已晚上，街上有點冷清，連車輛也少，質疑城鎮的居民都去哪？沒想到一進城就被一輛巡邏警車攔檢，讓這趟打算安排的溫泉之旅印象特別深刻，不過也正好提供租車旅遊時引以為鑑。

因大夥玩了一天也都覺得疲憊不堪，又急著想上廁所，負責開車的友人是位已退休多年的老師，很好心又有點情急之下，很快把車駛進飯店停車場，一輛巡邏的警車不知何時就偷偷尾隨而至，停在我們車後，閃起警燈警笛示意停車受檢，車上我們這群人對這突發狀況都被嚇到，目瞪口呆死命的想知道到底發生了什麼事？

車沒問題啊、有繳稅、車燈都有開……大家正襟危坐的在議論猜測時，一位年輕的警長走到駕駛座旁，很客氣地說「先生，請把駕照與保險卡借我看」，「請問有問題嗎？」，「你剛才沒有禮讓對向車輛」，「喔！對不起，我承認違規了」，警長看著這位70幾歲退休老師很「古意(老實)」，笑著叮嚀以後小心開車，這次只勸導不開單，大夥才鬆了一口氣。

草莓園溫泉
Strawberry Park Hot Springs

魚溪瀑布
Fish Creek Falls

汽船泉市
Steamboat Springs

洛磯山國家公園
Rocky Mountain National Park

翔龍湖
Grand Lake

熱硫泉市
Hot Sulphur Hot Springs

①② 汽船泉市山與水交織出一幅幅美麗動人的景色
③ 汽船泉市一景
④ 汽船泉市郊景觀
⑤ 汽船泉市有不少大小湖泊，也可垂釣
⑥ 道路兩旁的白楊木，常留住遊客的腳步停車欣賞
一番

城市印象 About Steamboat Springs

冬季滑雪度假觀光

建城超過100年的汽船泉市，是北美最知名的滑雪觀光度假城鎮，夏季遊客沒有冬天雪季多，餐廳夜店旅店民宿林立，但入夜後街道冷清清，晚上也不方便外出逛，大夥就在飯店內(附有廚房廚具，很方便)炊煮晚餐，也不時心有餘悸的繼續談論剛才發生的「警車攔檢驚魂記」。

冬天雪季這裡非常熱鬧，對滑雪有興趣，可多停留，這裡也位在國家森林公園的範圍，到處都是白楊木，秋天全是黃橘色的樹葉，還有湖泊、高山瀑布的景點，很多戶外休閒活動如露營、健行、騎自行車、攀岩，以及漂流(泛舟)，在這裡很熱門也很受歡迎。

↓Info

http steamboatsprings.net

➡ 走70號跨州公路，在205公里處轉9號公路，再接40號公路。也可從丹佛市走14號公路再接40號公路直接前往，但多為曲折的山路，路途較遠，但沿途也是風景秀麗，很有鄉間的風味，車輛不多，處處都是綠地草原牧場

滑雪、泛舟、泡溫泉，超熱鬧！ **Tips**

這是一個以滑雪出名的城鎮，四周都是滑雪場，常有滑雪盛事，一有比賽活動，整個城鎮就非常熱鬧，冬天是旅遊旺季中的旺季，夏季沒有雪可滑，但遊客也多，來此泛旅舟嬉水健行爬山，以及泡溫泉的遊客還是很多，街上很多的民宿飯店與美食店、小酒吧，一般提供住宿的地方也都有廚房，可以自己下廚。

魚溪瀑布
Fish Creek Falls

一洩而下的液體芬多精

距汽船泉市區(Steamboat Springs)約5英里的勞特國家森林公園(Routt National Forest)山谷中，瀑布最高時約有283英尺(86公尺)，從山頂直落到湍急的溪谷，但要看到最壯觀的瀑布，必須選在6月積雪開始融化後，山上的水量足，從高山宣洩而下，站在瀑布下的橋上觀看，還可享受水中霧氣中的負離子，有遊客說這是一種「液體的芬多精」。

「魚溪」源自嶺兔耳山(Rabbit Ear Pass)一帶的的數個高山小湖，流到汽船泉市東邊約8公里處，形成魚溪瀑布(Fish Creek Fall)，步道從原為冰川河床的瀑布底座環繞，震耳欲聾的溪水衝擊石塊聲，沿著魚溪往城裡去，久久不散，波浪中還清晰可見萬頭魚兒們頂著逆流不停的游著。

❶入秋後的白楊木一片片金黃色的樹葉
❷❸魚溪瀑布的動植物生態豐富
❹橋上可觀看到魚溪瀑布，也是拍照的好位置
❺魚溪瀑布也適合爬山，入口處有詳細的步道圖

眺望山景、體驗雪鞋健走和冰岩攀爬

從停車場走到魚溪瀑布只有1.6公里，步道平順好走，清晨來更覺得舒服，還有不少野生動物如小松鼠沿路跟你打招呼，站在觀景點可以眺望U型的溪谷與四周山景，這裡有一片不錯的森林，步道兩側盡是白楊木，還有各種植物，到處翠綠。

到了瀑布下方有座橋，有遊客只來觀看瀑布，如果時間夠，還可以再前行，但過橋後步道就比較陡峭難行，順著岩壁走，屬登山的性質，路程約有5公里，可以走到瀑布上方的源頭，那裡有美麗的湖泊，初春秋末人山人海，擠著來看白楊木的葉兒們，但這兒冬天完全凍結的世界，可是雪鞋健走和冰岩攀爬的最佳去處！

夏天看瀑布 秋天賞楓

Tips

想看壯觀的瀑布，就要夏天來，因為夏天山上的冰雪融化後，有溪流才會有瀑布，但卻沒有美麗的楓林，入秋來這，溪流乾涸了，溪水不多當然也看不到壯觀的瀑布，不能兩全其美，但是大多數的遊客還是會選夏天來，因為瀑布真的很壯觀。

INFO

http en.wikipedia.org/wiki/Fish_Creek_Falls

➡ 從汽船泉市走Fish Creek Falls道路前往

草莓園溫泉
Strawberry Park Hot Springs

沒有草莓的溫泉度假村

最自然原始的気圍，可以邊泡溫泉邊享用美景

來到科羅拉多州旅遊，很多地方可以泡溫泉，位在科州北邊的草莓園溫泉(Strawberry Park Hot Springs)，因就位在有名的滑雪場汽船泉市(Steamboat Springs)附近，還可順遊附近的風景區，順路可以前往，體驗不同的泡溫泉。

乍聽草莓園溫泉，都會很好奇，為什麼草莓園裡會有溫泉，其實草莓園與溫泉一點關係都沒有，只是純粹巧合有個特別的地名。因此草莓園沒有草莓可吃？但草莓園內卻有溫泉可泡！

這個溫泉度假區值得推薦，因為會讓你感到最有自然原始的氛圍，白天邊泡溫泉邊賞風景，但入夜後有如「天體營」一般，不分男女可以全裸泡湯，在日本很多溫泉度假村內見怪不怪，在這裡可要考驗你的膽量了！

利用溪流等原自然環境規畫大小不同的溫泉池

位在森林中的祕境

科羅拉多州境內很多地方，只要過去有尤特印第安族人曾經聚居落腳過，大多是因為當地發現有溫泉，他們在嚴冬的冰天雪地，也很喜歡泡在最自然的熱溫泉中，位處比較偏遠的草莓園溫泉區就是這樣被發現的，難得的是從早期到今天仍一直保留那自然的風味。

想去，可走40號州公路向西北行，先來到汽船泉市的市區後，在密蘇里道右轉36號產業道路，道路較狹小，路況也較陡峭，羊腸小徑，沿路景色變化多，溫泉區位在深山中，開車沿著指標挺進，好像進到森林中的祕境探險。

快到山頭時，只見光禿一片好像無路可走了，四周巨石層層相疊，停下車來往前一看，一輛百年歷史的老爺車裝飾的辦公室就是溫泉的入口處了，往前向下一望，溫泉就在下方的山谷中，也即草莓園溫泉度假村，度假村也僅只有這麼一家，別無分號。

隱密性高，充滿原始風味

你也許還是百思不解草莓與溫泉有什麼關係？以為會有滿園滿山滿谷的草莓、有草莓吃，但環顧四周，除了一片森林，什麼草莓也沒有，只有一池又一池的大小溫泉！問業者為什麼要叫草莓園溫泉，也得不到答案。

不過，草莓園這個溫泉度假村隱密性高，又有原始的風味，就位在勞特國家森林(Routt National Forest)內，這個國家森林的名稱是以科州第一任州長的姓命名而來，附近最熱鬧的汽船泉市就因為有溫泉，以及冬季是滑雪

勝地，觀光旅遊業很熱鬧，這裡有好幾個溫泉區，草莓園溫泉度假村最特別，連住的小木屋也很奇特。

以科羅拉多州第一任州長的姓而命名的勞特國家森林(Routt National Forest)，附近有個叫汽船泉市(Steamed Boat Springs)的城鎮，這裡就有好幾個溫泉區，但又以草莓園(Strawberry Park Hot Springs)最為有名。

建議利用白天泡溫泉

溫泉區最特別的是傍晚後就限制成年人才能進入，且規定不能攝影拍照，不能喝酒，因離市區較遠，太陽下山後就成了全裸的泡湯區，美國人說是天體營，可以一絲不掛，無拘無束的在只有星光的夜空下泡溫泉，但夜間在露天溫泉池內，微弱燈光，想看也不見得能看到什麼，安全考量還是不建議，大部分的遊客都會在天黑前離開。

遊客多會選擇白天來泡溫泉，你會喜歡在這裡泡湯，因為充滿自然的氛圍，溫泉就從山坡的洞流出，沒有任何加工，所含礦物質清晰可見，不同於過去你所見過的溫泉。

冒著白煙的滾燙溫泉，就這樣流進大小不一用石頭砌築而成的泡湯池，溫度由最上頭的攝氏約40度，到最低層的20幾度，匯流像一條溪流，到了深秋季節，泉池四周高聳入雲的林木，滿是變得又黃又紅的樹葉，當微風吹起，樹葉一片飄落鄉，詩情又畫意，美不勝收，極其浪漫。

❶草莓溫泉很有原始氣氛，讓你有更親近大自然的感覺
❷溫泉的源頭就在山坡
❸利用古董車改裝的售票亭
❹草莓溫泉很奇特的小木屋提供住宿

適合登山、騎車、露營，釣魚

　　除了來泡溫泉，這裡也是登山健走、騎自行車旅行、野外露營、釣魚的熱門去處，國家森林範圍很大，高山、溪谷、瀑布、林木，自然景色秀麗宜人，在此休閒活動很受歡迎也有挑戰性。

　　汽船泉市在冬季是有名的滑雪勝地，常有國際性的賽事，吸引各國好手前來競技，鎮內有不少旅店與美食店，滑雪淡季時可以這裡住上一夜，價格很便宜，可以住在附有廚房的滑雪度假村內，冬季滑雪旺季時是一個很熱鬧的地方，但房租就不便宜。

¥ INfo

http www.strawberryhotsprings.com
✉ 44200 County road #36 Steamboat
　 Springs, CO80487
☎ (970)879-0342
➡ 從汽船泉市走CR36道路前往

❶ 草莓溫泉區利用溪流的河床打造成大小池溫泉池，但有些較深
❷ 草莓溫泉池位在溪谷中，四周環繞高大美麗的林木

在秋楓飄落中泡湯，增添浪漫

Tips

如果不是想泡很有「原始」風味的溫泉，不建議前往，和台灣的溫泉設施完全不同，大小池子不少，溫度不一樣，倒是這個溫泉位在溪浴林木中，秋天前來風景很美，飄落的黃橘色楓葉，增添情意，讓你置身浪漫的情境中，這裡就只有那麼一家，設施還算完善，溫泉池旁禁食，尤其禁止帶瓶裝的飲料及飲酒。

1　2

忽冷忽熱，雪中泡湯
別有一番樂趣

熱硫礦泉溫泉度假村
Hot Sulphor Springs

每個池擁有不同的水質與溫度

　　位在科羅拉多州西北部，1903年建城的小城鎮格蘭德縣(Grand)的這個溫泉度假村，就位在40號州公路上，歷史悠久，規模並不是很大，但因爲每個溫泉池有不同的水質與溫度而出名，尤其溫泉具有獨特的硫礦味道，因而命名，也是科羅拉多州所有溫泉中較特別的。

　　這個位在海拔7,680英尺的溫泉區，早在1860年代就有，但因經營關係一度沒落，直到1996年再花大錢大力整修裝潢，增加及改善很多設施後又再度吸引遊客，有超過20個的室內外大小池，包括個人使用較隱密的溫泉池、日光浴室，提供遊客最完善舒適的度假享受。

享受放鬆泡湯的度假感

　　熱硫礦泉度假村位在一個古樸的山城，離丹佛市約1小時45分的車程，從70號跨州公路轉到40號州公路，只需要30分鐘車程就可抵達，非常方便，這裡到了冬季，又是有名的滑雪場，被稱爲科羅拉多州最繁忙的滑雪區，也帶動溫泉的休閒。

有遊客不喜歡格蘭伍德溫泉度假村的人潮，認為整個溫泉池好像在擠沙丁魚般的吵雜，如果要前往汽船泉市的溫泉，又覺得車程太遠，有些遊客會選擇來這，認為來到這裡反而覺得較能享受度假的氣氛，不必擔心有太多的遊客，不必跟一堆人擠在溫泉池，花17.5美元的門票可以泡上一整天的溫泉，都會認為很值得。

INFO

🔵 www.hotsulphursprings.com
➡️ 走70號跨州公路，在232公里處，接40號公路，也可以從丹佛市直接走34號公路再接40號公路

Notes

兩大溫泉體驗，情境景色大不同

熱硫泉溫泉和草莓溫泉一樣，都有自己的特色，喜歡泡溫泉的，兩地都會去體驗，同是泡溫泉，情境不一樣，景色也不同，還可以走訪附近的山脈，以及科羅拉多州知名天然最深最大湖——翔龍湖(Grand Lake)，是屬高山湖之一。

❶ 這裡還有載貨的火車經過
❷ 泡湯還有鹿群陪伴
❸ 度假村的小木屋外就能泡湯
❹ 利用岩洞打造的溫泉池
❺ 度假村附近的小鎮有小餐廳與咖啡店

西南古城 杜蘭戈

Durango

早期最重要的
火車轉運站

城市印象 About Durango

提到杜蘭戈(Durango)這個城市,先要弄清楚,是哪一個「杜蘭戈」,除了它是科羅拉多州一個歷史上重要的城市外,鄰近的墨西哥也有一個州就叫「杜蘭戈州」,甚至它的首府也稱「杜蘭戈」,為何如此?兩者還有其歷史上的淵源。

科羅拉多州的「杜蘭戈」位在西南角,是座古城,早在1881年一百多年前就建城,位在海拔1,988公尺(6,512英尺)的平原,城市只有18平方公里,稱不上是很大的城市,但在交通位置卻非常重要,它位東西向160號州際公路上,向西可前往猶他州、亞利桑那州,向東可前往帕格沙溫泉區,也位南北向550號州際公路上,向北是有名的百萬公路,還可接上70號跨州公路,向南前往新墨西哥州,是兩條重要公路的交岔點,來往車輛非常多,早年更是鐵路運輸最重要的轉運站。

交通與觀光的重鎮

杜蘭戈是個很迷人的小鎮,城市約有2萬人口,但每天經過這裡及來此的人是城市人口的好幾十倍,也因此帶動了地方的繁榮,高級飯店、大小民宿、各種美食餐廳、酒吧夜生活,以及購物、觀光旅遊,城市向西行約35英里的路程,就可來到梅薩維德國家公園,再往南走,還可前往四州的交界點,是旅遊最重要的中繼站。

「水之鄉」是「杜蘭戈」的原意,這裡有山有水有河有湖,聖胡安山脈冬天的雪融後,就沿著馬斯河而下流經城市附近,5個大型滑雪場是冬季的賣點,夏季則是騎馬、騎單車、泛舟、健行、釣魚等休閒活動熱門的選擇,但最值得推薦的是去坐趟窄軌火車。

向北走是有名的「百萬公路」,沿路多座超過14,000英尺的高山,壯麗宏偉讓你讚嘆,開車走在沿著山壁開

❶ 杜蘭戈附近的小機場
❷ 騎哈雷重機車旅遊也是一種方式
❸ 杜蘭戈的貨運火車
❹ 杜蘭戈的城鎮風光

鑿出的險峻公路上,可是會讓你膽顫心驚,
但絕對讓你覺得值得「百萬」,不論是這條
公路或坐窄軌火車,來到這個城市絕對會讓
你在旅途上留下最深刻的印象。

INfo
http www.durangogov.org
➡ 位在160號公路與550號公路交岔點

鐵路大站,
至少停留一晚

Tips

這是一個大城市,可以在此停留
至少一個晚上,再前往梅薩維德國
家公園,或更遠西南角落的四州交界(科羅
拉多州、猶他州、新墨西哥州、亞利桑那
州),再折返杜蘭戈,這裡是鐵路重要的大
站,還有火車博物館可參觀,也可以去搭
火車到銀鎮。

帕格沙溫泉
Pagosa Springs

具神奇療效的天然溫泉

提到溫泉，很多喜歡旅遊的人第一個會想到日本這個最愛泡湯的國家，來到美國中西部，大概不會想到溫泉這碼事，在科羅多州提到溫泉，第一個被推薦的一定是帕格沙溫泉，甚至全美國也是數一數二，頗負盛名。

位在丹佛市西南450公里，160號州際公路上印第安古城的帕格沙溫泉(Pagosa Springs)，如果從丹佛市出發，開車約需4～5小時，距離是有點遠，但要前往這個溫泉區，都會安排住上一晚，好好泡個溫泉再上路，附近也有不少景點可安排。

帕格沙溫泉是依洛磯山脈西坡而建的城鎮，早年也是因為採礦而興盛，而且又是繼續向西，前往另一個古城杜蘭戈必經之地，旅人中途的休息大站，至今仍是很有名的遊旅中繼站。

天然熱湧泉最具有療效

為什麼科州到處都有溫泉，而這裡會那麼出名，除因坐擁全世界湧泉量最大，深入地層最深，溫度最高，聲稱還最具有療效的天然熱湧泉因而聞名於世外，美麗的景色，讓很多人第一次來到這裡造訪的遊客，就直覺踩進了香格里拉，樂不思蜀的會捨不得離開這個人間仙境！

科州很多城鎮都位在洛磯山脈的東側，有高山阻檔，但帕格沙溫泉因位在洛磯山脈分水嶺的西坡，雖原屬高原沙漠氣候，但因沒有高山阻檔，又緊靠著山脈，面迎太平洋，氣流越不了高山反而積在山麓，所以氣候相當恬人。

一年四季五彩繽紛

這裡春天是五彩繽紛的世界，到了夏天，藉主要河川聖胡安河(San Juan River)環抱整座城鎮，成了戶外休閒及運動的大城，入秋季節則是賞楓期，時間長，連樹葉的顏色深

度都比70號跨州公路上的還豐富，也因靠山近河地形，成為美國著名麋鹿狩獵場，冬天迎接太平洋寒流，雖位處科州的最南邊，已靠近新墨西哥州，這裡的滑雪場卻是科州降雪量最多的一個區域。

　　先不談溫泉，要前往帕格沙溫泉，必須翻山越嶺，1975年鄉村歌手麥考爾(M.C. Mcall)唱紅的狼溪隘口(Wolf Creek Pass)這首歌，詳細描述了160號公路上由3,309公尺海拔高的狼溪山頂峰(Wolf Creek Peak)，一路以8%陡度的險峭下山，感覺簡直是垂直下降，行至帕格沙這個城鎮時，硬是降低了1,500公尺的海拔高度，歌詞唱著行駛在此綿延的山路中，有如置身在綿延60公里長的地獄中，一刻也不得粗心閃神。

長年噴出溫泉水的出水口，鈣質等礦物質竟堆積出一座小山，蔚為奇觀

百花盛開的五彩世界，
彷彿踏入人間仙境

爆滿人潮只為一睹風采

位於分水嶺東邊的狼溪滑雪場，地形的優勢使降雪量超豐富的The Most Snow In Colorado，每次下雪經常都有約兩個人的高度那麼深，冬天雪季幾乎完全不用人工造雪機來幫忙，也因為一年四季都是旅遊旺季，城中有60%的房屋都是為了來度假所興建，美國人喜歡開著裝備下整個家的休旅車到處旅行，滑雪場旁的停靠場，規模也是美國境內數一數二，小鎮的觀光客多得讓你看了嚇人！

遊訪帕格沙，除了驚豔於它的風景秀麗，還深深能感受為什麼當年牛仔時期西部拓荒者，剛來到這裡時會對這個城鎮有如此高的評價，直指「地球上不可能有比這兒還美麗的地方！」也會讓你回想起在很多的電影中，經常看到似曾見過的北美印第安文化場景，走訪時才覺得真的有如身歷其境。

印第安人至降雪時會進入山中過冬，以防高原上強風，最先發現帕格沙這富含硫磺味有療效的尤特族，在過去幾千年來一直視此為祕密神聖之地，他們宗教視為有療效最潔淨的溫泉源頭，湧出溫泉帕格帕格聲(Pah Gosah)就直譯為治癒的水(Healing Water)，即連帕格沙這個地名也一路未改沿用至今。

尤特族為保護此具有神奇療效的溫泉，和西部墾荒牛仔發生無數大小戰事，墨西哥獨立後也加入美軍為捍衛家園而戰，尤特族在歷史上可說占有舉足輕重的地位，最出名老牌西部牛仔影星約翰韋恩(John Wayne)，拍片全盛時期可是天天住在這個印第安古城鎮感受其境。

至今3個族系的族後代，大部分還在帕格沙一帶居住，只是古時他們稱「高地」和「太陽的土地」的家園都已不存在。

政府規畫印第安保留區

1905年美國政府沿著西南印第安人主要水源聖胡安河(San Juan River)，在科羅拉多州和新墨西哥州交界，規畫了4,300平方公里的印第安保留區，送給每位族民0.5平方公里土地，讓他們農耕蓄牧而正式結束印第安族在此的遊牧歷史。

這裡因在山麓大量養殖牛羊，圈養需要大

❶～❸ 在這裡可以盡情的享受泡湯之樂，悠閒自在
❹～❺ 帕格沙溫泉度假村美麗迷人的夜景
❻ 上頭有溫泉，下頭有溪流，你沒有看錯，溪流有魚還可垂釣

尤特族的祕密神聖地 *History*

西元前2000年，尤特(Ute)印第安族就已在科羅拉州生活，後來分裂為挖鑿山崖壁築洞而定居族，以及在高原上逐野牛而居的流浪族，我們常見的印第安帳篷(Tipis)其實就是尤特族的正字標記，歷史中最有機動性的民族也屬尤特，族人能在1小時內拆蓬打包整營移居以躲避白人攻擊！

❶ 帕格沙溫泉區最有名的度假村,前方即溫泉源頭池
❷～❺ 位在溪畔的帕格沙溫泉區,不同角度看,都一樣那麼的美那麼幽靜

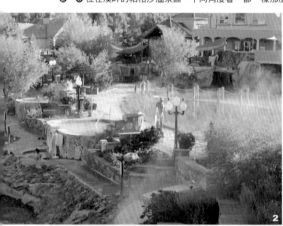

批的木材建築圍牆，形成不少木材場，加上因緊臨分水嶺12,000平方公里的國家森林，砍伐林木容易，順勢帶動伐木業的產業，在鐵路通車後，這裡更成為美國18世紀早期木材重要輸出地。

舒緩風濕痛的天然良藥

帕格沙的熱泉中含有和海水一般濃度的鈉，而浸泡溫泉水是舒緩風溼痛的最佳方法，古印第安人也許不懂硫磺對人體的功效，但他們卻知道這個有奇特味道的熱泉是消炎良藥，1860年代，保護西部新移民的美國陸軍醫官，也再三在報告中強調帕格沙溫泉對人體的療效，才會引發了白人爭奪溫泉的數場戰役。

1881年由4個大木盆所構成的第一座泡溫泉澡堂設立，1900年窄軌火車通車到這個城鎮，使從全國各地風聞「溫泉水有療效」的遊客民眾大量湧入，加速地方的繁榮，50年後全新溫泉旅館落成，延用到今天成為全美最大最頗負盛名的溫泉度假村(Springs Resort)。

度假村內共有大小23個不同溫度、不同礦物質含量的泡湯池，沿著聖胡安河畔而建，大大小小高高低低，白天去登山釣魚泛舟，或冬天滑完雪，回來後三五好友，泡在熱氣環抱的溫泉池中，並在潺潺流水聲中觀景談心，絕對是消除疲勞痠痛最佳良藥！

如何正確泡溫泉

正確泡泉方法在池中10分鐘，再離水速穿旅館提供的大浴袍，使身體大量流汗，至於溫泉水，因礦物質成分高，外地人極易因而腹瀉，應當避免飲用，冬季冰天雪天來此

預定飯店附24小時泡湯　Tips

事先訂房間，要訂就訂有室外溫泉的度假飯店(The Springs)，因為不必再花錢買泡湯券，且是24小時泡湯(一般只買泡湯券的遊客有時間限制)，來這裡一定要住上至少一晚，房價隨時都有變動，有時會有特價優惠，房間也有分等級，有的房間也附有廚房，可以自己下廚，白天去玩，晚上或清早再去泡溫泉。

←住進渡假村的識別手環

泡溫泉，冰雪遇熱池化為滿世界的白茫茫煙霧，在熱呼呼池中面迎著雪花在臉上融化，那一片片飄至眼前的竟果真如圖畫中雪花的結晶體狀！

溫泉度假村提供住宿旅客24小時不打烊的泡湯時間，夏日去造訪，可以選個大清早5、6點泡進池中等待日出，只見清晨低溫白茫茫一片的蒸汽，不同於雪日中的白，滿天黃橙紅的晨曦，由淺至深，沒多久火紅的太陽升起蹦出，一閃眼的功夫就從山後跳出望著你，開心迎接嶄新的一天，那層感動到今天還深深映在心中不曾忘懷！

INFO

🌐 www.pagosahotsprings.com

✉ The Springs Resort ,165 Hot Springs Blvd., Pagosa Springs, CO 81147

📞 (800)225-0934

➡ 一般從丹佛市出發，走25號跨州公路南下，再接160號公路向西走，自右至左，可至帕格沙溫泉、煙囪巨石、杜蘭戈，從杜蘭戈往北走550公路，再往北即百萬公路，這一帶的景點都順路可前往

杜蘭戈窄軌火車
Durango Narrow Gauge Railroad

沿著河流山谷行駛，坐在露天的車廂，
欣賞小鎮的美麗風光

　　來到杜蘭戈，如果你要繼續下一個行程，最重要的一件事就是要在這裡先填飽肚子，其次記得一定要把車子加滿油再上路，當然如果行程不趕，那你一定要在這個城市住上一晚，並去坐趟窄軌火車，體驗早年火車運輸所走過的地方，今天依舊是美不勝收。

　　杜蘭戈稱得上是美國有名的一個窄軌火車總站，1881年開始就建立使用，當年的古董級蒸汽火車頭，至今仍在使用，而從杜蘭戈到銀鎮(Silverton)的這一段鐵路，貨物的運輸早就停駛，今天古色古香的車廂換成滿載遊

❶❷ 遊客可搭乘觀光火車遊玩

客，成了最熱門的觀光鐵路，每天載著觀光客在來回行駛，冬季雪季時火車仍能開到肯揚(Canyon)，有不同的美景。

　　遊客開車走百萬公路是最常的選擇，但也有遊客會選擇改搭觀光火車上山，鐵路長約45英里(約74公里)，火車時速僅30公里，來回一趟約需5個小時，沿著河流溪谷及山壁而行駛，可以坐在車廂內，也可以在開放式的露天車廂欣賞兩邊美麗風光，沿途有不少橋梁與隧道，每人票價約60美元。

　　杜蘭戈的鐵路有那麼長遠的歷史，主要是早期淘金熱帶來的繁榮，為了要把山上礦區的黃金運下山來而修築了這條鐵路，這條鐵路還被聯邦政府指定保留作為國家歷史地標，美國土木工程協會還列為一個重要的工程指標，如今雖黃金採光，工人離開，城市也跟著有些沒落，但這幾年因為窄軌火車也再帶動觀光熱潮，火車的歷史追溯到19世紀80年代，鎮上有博物館可參觀。

↓ info
http www.durangotrain.com

1

百萬公路
Million Dollar Highway

體驗翻山越嶺1萬呎的高山

❶ 位在山谷中的銀鎮
❷ 公路沿著山壁巨石邊而行
❸ 360度的道路沿著山腰而下

不必花你百萬，
但這裡的風景絕對值百萬

這條位在550號州公路上的百萬公路，當你第一次聽到這條道路都會很好奇，想問為什麼會稱為「百萬公路」？單聽到這個名稱，相信就會吸引你去一探究竟！親自去走一回，先告訴你「不必花你百萬，但絕對值百萬！」

這段位在杜蘭戈(Durango)與烏雷(Ouray)之間的這條道路，早在1881年因為採挖礦石及淘金時期就開闢，當時除了公路，還有窄軌蒸汽火車在通行，但因山路險峻，火車只開闢到銀鎮(Sliverton)，只是後來採礦結束，黃金沒了，火車才轉型成了今天的觀光火車，大部分的遊客還是比較喜歡自己開車走一回，體驗百萬公路。

開車務必專心，沿路多斷崖、橋梁

火車是沿著溪谷而行，穿山越嶺，沿路行經不少驚險的斷崖與橋梁，來回一趟約要7、8個小時，一天只開出一個班次，票都需事先預訂，如果要開車，則是考驗膽量，因為沿路數不盡的S型彎道不說，陡峭的山路，一邊是高聳的山壁一邊是萬丈斷崖，好像行駛在天際之間。

「我們一起去走百萬公路！」住在科羅拉多州已20幾年的友人開車載我走這條公路，她竟然也是生平第一次到這裡旅遊，她有懼高症的心，但她還是堅持自己開車，我們一路慢慢開，只見她聚精會神一路緊盯著前方路況，不發一語，頭回也不敢回，緊抓著方向盤開她的車，要我沿路多拍照，她回去再欣賞照片就好了！

百萬公路其實是從銀鎮(Silverton)到烏雷(Ouray)兩個城鎮之間的這一段路，因為這一

段在全線中最驚險，路陡又彎曲，一邊是萬丈深崖，一邊則是陡峭的山壁，開起車真的不敢掉以輕心，但風景真的很美，後來有人也稱從杜蘭戈開始，一直到烏雷(Ouray)之間的550號公路都稱「百萬公路」。

「有點像台灣的中部橫貫公路。」同樣也有懼高症的我，發現公路狀況似曾相似，只是公路沿線多沒有護欄，而且不斷往上「爬」，開車的確怕怕的，但沿路的風景真的沒話說，造訪時正是入秋季節，滿山又黃又紅的變色葉，與金黃色光禿的山頂相互輝映，像極了一幅美麗的彩畫，真的會讓你忘卻了道路的險峻與恐怖。

優美的景色絕對值百萬

　　為什麼要稱為「百萬公路」，到今天還是有很多說法，有當地居民說，當年採礦要開路時，因困難重重，給一百萬美金也沒有人願意去開闢，也有一說是因為沿路底下，還有超過一百萬的黃金沒有挖掘出來，還有一個說法是當年1930年代開這段路時，花了一百萬元的高價，最近幾年的說法是「這段路的景色值一百萬」，不管怎麼說，只有親

自走一趟才會有答案。

　走過百萬公路的遊客呢？他們的回答則是，這絕對稱得上是科羅拉多州最美麗的公路，也是最危險的一條公路，保證讓你留下最深刻的回憶，不虛此行。至於要怎麼走，有兩種說法，有人建議由南往北走，即由杜蘭戈(Durango)往烏雷(Ouray)，這樣開車可以避開走在懸崖這一邊，但也有人認為既然要

欣賞最美的風景，就要由北往南走，就看你如何安排行程了！

　沿線3個重要的小鎮，都是因為採礦而興起，今天也許都已沒有昔日的繁華熱鬧，但都位在交通要站，反而成為觀光的重鎮，至今仍是過往遊客歇腳休息之處，3個鎮也保留了當年西部牛仔，以及印第安族的一些風格與建築，有溫泉、湖泊及礦區等。

❶ 入秋後沿路滿山的白楊木呈金黃色
❷❸ 海拔超過14,000英尺的高山光禿只見白雪
❹ 一邊山壁一邊萬丈深谷的險峻
❺ 沿路美麗的湖泊
❻❼ 「Ouray」小鎮很迷你也很幽靜
❽ 位在公路休息站的這塊解說牌，告訴你為什麼這條公路要稱為「百萬公路」
❾ 百萬公路上常有野生動物出現，提醒駕車小心

繞行城鎮一圈，美景賞不完

最南邊的「杜蘭戈」，是有名的老城鎮，這裡是火車的起點，早年是一個大站，歷史久遠，設有火車博物館可參觀，計畫由南往北走百萬公路，最好安排在這裡住上一晚，可以好好睡一覺第二天才有體力上山，因為百萬公路翻山越嶺要經過9座海拔都超過1萬英尺的高山，這也是為什麼沿路會有那麼多美景的原因所在，但到了冬季因積雪路滑就封閉無法通行。

中途站銀鎮位在一處美麗的平原上，也是火車的終點站，觀光火車開到這裡就再折返回杜蘭戈；如果是開車，抵達這個小鎮前，就可以從高處俯瞰到全鎮的景色，有如世外桃源，一般遊客多只會在此短暫停留，休息片刻後上路，鎮上不見昔日的熱鬧景象。

最北的烏雷(Ouray)，是個很有西部風味的小鎮，被3座高山環抱在山腳下，街道整齊，有「美國小瑞士」之稱，只是不見人潮顯得有些冷清，美國一些西部電影曾在這取景，當抵達這個城鎮時，即表示你走完了百萬公路這條險峻的公路，接下來的公路就平坦安全多了，但小鎮這裡卻連個加油站都沒有，為方便來往遊客，設有公共的廁所，過去有火車從這裡通到更北邊的「Ridgway」，但1953年就已停駛，使這個小鎮也跟著沒落了。

杜蘭戈也是有名老鎮，這裡是火車的起點，也設有火車博物館，如果計畫由南往北走百萬公路，最好安排在這裡住上一晚，可以好好睡一覺第二天才有體力上山，因為百萬公路翻山越嶺要經過好幾座海拔都越過一萬英尺的高山，這也是為什麼沿路會有那麼多美景的原因所在。

Notes

出發前記得先加滿油

這段路中途都還有一些城鎮，雖也可以中途停留過夜，但如果沒有事先訂房間，臨時決定要住要多考慮，最好早點出發，一天就可以回到大城市，出發前要加滿油，有加油站就加，高山上沒有任何加油站。

Info

http www.en.wikipedia.org/wiki/U.S._Route_550

➡ 位在550號公路上

普林斯頓溫泉
Princeton Hot Springs

溫泉、泛舟各有奇特景觀

普林斯頓溫泉度假村位在丹佛市西南方約230公里的山谷中，230公里開車約需3個小時，感覺有點遠的地方，但來這裡泡泡溫泉有不同的風味，甚至冬天下了雪還是可以開車進去，算滿方便的。

還是第一次在冬季開車到普林斯頓，沿途的派克(Pikes National Forest)和聖伊沙貝爾(San Isabel)兩大國家森林，長青樹梢上滿是皚皚白雪，還有一凸一凸的山峻，黑白有緻，看起來還有點像一幅潑墨的國畫，還沒有抵達溫泉區，望著車外沿途的景色就開懷到心崁，心情很放鬆，忘了一路的疲憊。

由地熱氣孔混合地下泉水形成

科羅拉多州有不少知名的溫泉區，來到首府丹佛市，時間夠的話，可以安排去普林斯頓溫泉(Princeton Hot Springs)，交通較便利外，這裡可以給你全新更自然的感受。

如欲前往，可以先走285號州際公路向西行，過了布埃納文圖拉(Buena Vista)後再往南走10公里，在162號縣道轉向西行，天氣晴朗就可清楚看到就在眼前的尖山，標高4,327公尺，在科羅拉多州排名第18高的普林斯頓主峰(Mt. Princeton Peak)，位在山腳下的溫泉就因這座山而取名而出名。

3

4

5

不同於其他高山單一溫泉與熱湧泉，這裡的溫泉是來自沿著山麓流下長達44公里的粉筆溪(Chalk Creek)，有很長的沿岸就可見到從大小石縫中冒出的溫泉泡泡與白煙，都是地熱氣孔混合地下泉水而形成，非常奇特的景觀，而粉筆溪名則是由鄰近含有極高嶺(Kaolinite)成分的山崖而來。

泛舟的白浪奇觀

粉筆溪往東流，下游就是美國第6大河阿肯色河(Arkansas River)，也是最長的一支支流，溪流在融雪季節總是澎湃洶湧，瀑布也多，而阿肯色河上的白浪漂流(White Water Rafting)最受遊客青睞，換成夏季來訪，普林斯頓的溫泉熱反而是淡季，就換成為漂流(泛舟)的休閒旺季，彩色橡皮艇擠滿河床，伴著湍急的淘淘白浪，甚為奇觀！

這裡的水域也是科州的第一鱒魚產地，白天一定得去試試身手，還可以回到木屋自己料理，可要記得帶薑去，煮薑絲湯或清蒸，保證又鮮又甜，讓你回味無窮，你也可以爬山健行，附近的登山步道可走走，擔心體力不夠，還可以租馬匹，自己騎上去，來回約3小時，約花100美元就可讓你登上高峰看盡洛磯山主峰群！

❶❷ 普林斯頓峰群山的冬景
❸ 溫泉區四周經常有鹿群，見到遊客也不怕生
❹❺ 溫泉區小木屋設備完善最適合度假，溫泉池就在一旁

望著沿途有如國畫般的景色，
心情就開懷到心坎了

1

老人都愛的野溪泡湯

常聽老人家常唸天冷成這樣還去泡啥湯？
會著涼啦！可是來到溫泉區，放眼望去，躺
在雪地裡溫泉中最多的卻是老人！沿著溪岸
還有大小25個淺水灘坑，則是悟特印第安人
最原始的天然澡盆，攝氏約55度無臭無味
的溫泉就從石縫中冒出，再融入從深山流出
冰冷的融雪山泉，躺在這石群中上，冷熱交
會，是名符其實在野溪泡湯！

當地老人家說，要相信古老印第安族藥師
的說法，溫泉是可治百病的，但泡過溫泉再
加上深層按摩後，絕對讓你感到輕鬆不少。

選住小木屋，親近大自然

來此度假，可以選住在原始小木屋，設有
廚房，不怕出門得吃漢堡，早餐還可以自己

煮地瓜稀飯，冬季白天出門騎完越野雪車回
來，則有熱熱的火鍋上桌！但記得在出發前
要先準備齊全，住宿在溫泉旅館，費用經常
包括泡湯費，多人同行多夜住宿，算算很划
算的！冬季來泡溫也比夏天便宜。

天未亮總是在鹿群跑步聲中驚醒的，是鹿
的一家子一起出來吃早餐，長青松柏樹根下
清晨初冒出頭的野菇是牠們最愛，平常不喜
近大自然的年輕一代，走趟美國中西部，有
全新的體驗，山裡很少有手機網路，幾天當
不成低頭族，自會學著看山玩水了！

↓INFO
http www.mtprinceton.com

➡ 從丹佛市可直接走24號公路前往，或從25
號跨州公路再轉50號公路，經Canon City，
再向西行接上285號公路也可以抵達

❶❷ 普林斯頓溫泉
❸ 溫泉區位在「聖伊沙貝爾國家森林」內
❹ 溫泉區有不少步道
❺ 溫泉池有分室內外，後方大圓頂是室內泡湯池
❻ 普林斯頓溫泉度假小木屋

泡溫泉消疲勞
度假真愜意

Tips

泡溫泉的又一個去處，其實來此度
假遊玩，再順便泡溫泉消除疲勞，是
不錯的選擇，群山環抱，美麗的景色讓人心
情輕鬆，三五好友合租個小木屋，一起下廚
一起品嘗佳餚，何樂不為。

煙囪巨石
Chimney Rock

國家寶藏的文化遺址

在整座光禿禿的
山頂，有兩座有如
雙胞胎的煙囪造型

提到「煙囪巨石」，全美就有好幾個地方都有這種地質的特殊景點，又以內布拉斯加州325英尺的最有名，另在北卡羅萊納州有一個，高度也有315英尺，屬花崗岩的地質，此外新澤西州及蒙大拿州也都有，至於位在科羅拉多州西南邊阿丘利塔(Archuleta)的煙囪巨石，也稱為「煙囪岩」，它也可以稱得上是全美最新的「國家紀念碑」，一個重要的文化遺址。

煙囪巨石附近的景觀很優美，開車也很舒服

這個煙囪巨石，形成時間非常久遠，估計已超過500億年，1,000年前最早是印第安人居住的一個龐大聚落，整個巨石四周範圍涵蓋廣達4,000多英畝，嚴格說來它是一個龐大的歷史文化遺跡，歷史學家甚至把這個地方看成「國家寶藏」，對早年可以居住在沒有水源的山頂都相當好奇，居民留存至今的磚石牆遺跡非常珍貴，他們後來去哪則一直是個謎。

列為永久保護的文化遺跡

巨石山部分有1,000多英畝，約19平方公里，不見任何樹，整座山光禿的全都是岩石或岩層，凸出在最高山頂上，兩座一大一小有如雙胞胎造型像四方型的煙囪，高約315英尺(96公尺)，不同角度看有不同的造型，遊客大都是路過遠觀，除非你想去健行或對考古有興趣。

這個位在杜蘭戈與帕格沙溫泉兩個城市之間的煙囪巨石，位在占地有1,900多公頃的聖胡安國家森林內，從1970年就因考古發現具有相當的文化歷史，而被列入為「國家史蹟」，2012年9月21日，美國總統歐巴馬宣布，由原來「國家史蹟」升級為「國家紀念碑」，進一步列為永久保護的遺跡，一般認為它獨特的地質與文化遺跡，具有研究的價值超過觀光休閒。

INFO

www.chimneyrockco.org

➡ 沿160號公路，由帕格沙溫泉向西行可抵達

Notes

不同角度不同造型

煙囪巨石位在160號公路旁，開車經過就可以遠遠看到，不同位置角度有不同的造型，說像支煙囪有點勉強，因其他州也有這個造型的景點，相對的科羅拉多州這個煙囪巨石知名度就沒有那麼高。

↑↗煙囪巨石在不同角度、不同的時間觀看，有不同的景色

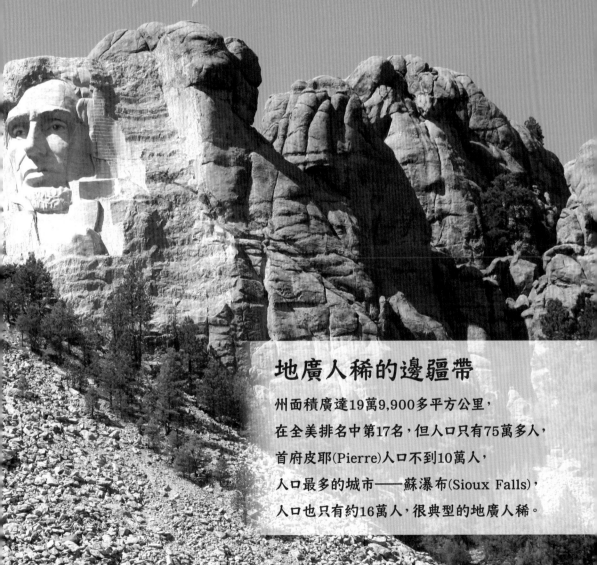

南達科他州
State Of South Dakoda

地廣人稀的邊疆帶

州面積廣達19萬9,900多平方公里，
在全美排名中第17名，但人口只有75萬多人，
首府皮耶(Pierre)人口不到10萬人，
人口最多的城市——蘇瀑布(Sioux Falls)，
人口也只有約16萬人，很典型的地廣人稀。

關於南達科他州 About South Dakoda

提到南達科他州這個州，很陌生，念起來還有點結巴，甚至可能不知道它位在美國的哪裡，不過，這個州卻有一個世界知名的景點——總統巨石，相信有聽過吧，即使沒有去過，過去也可能曾在電影的場景中見到，4塊大石頭刻了4位總統肖像。

州面積廣達19萬9,900多平方公里，在全美排名中第17名，但人口只有75萬多人，是全美50個州中，排名第46名的州，是6個被稱為邊疆帶(Frontier Strip)的州之一，首府皮耶(Pierre)人口不到10萬人，人口最多的城市蘇瀑布(Sioux Falls)，人口也只有約16萬人，很典型的地廣人稀。

曾是印第安人的聚落

南達科他州位在美國中西部平原上，地勢較高的一州，南邊有條密蘇里河，河以東是冰河地形的遺址，有100多個大小湖泊，早期是印第安人蘇族中拉科他族(Lakota)的聚落，南達科他州在1889年加入美國聯邦，是第39個加入，州名也是同一天命名的，「南達科他」是印第安蘇族語言(Pierre)，意思是「與友人一起住的地方」。

有趣的是，1742年法國探險家首先來到這，20年後一度被西班牙人占領，直到1803

CRAZY HORSE

ENTRANCE·OPEN·½MILE

懷俄明州 yoming

南達科他州 Nebraska

總統巨石
Crazy Horse
Memorial

瘋馬巨石
Mt.Rushmore
National Park

Custer City

南達科他州地圖

年才成為美國所有，1861年建立「達科他地區」，南、北達科他州兩個州原同屬一區，1889年兩個州同時向國會申請為州，聯邦政府因忘了哪個州先申請，只好把兩州同時列為第39州或第40州。

這裡早晚溫差很大，經常會刮風，出現龍捲風，雨量不多，濕度低，多晴天，東部地區夏天常有風暴，傑出的石雕藝術家古特宗·波格魯姆在拉什莫爾峰花崗岩上所雕刻的美國4位總統的雕像，每年吸引200多萬遊客前來參觀遊覽。

❶ 總統巨石每年都吸引大批遊客
❷❸ 瘋馬巨石的入口處到瘋馬巨石像還有半英里遠，但從入口處就可以遠眺
❹ 美國第26任總統──羅斯福總統巨石下的解說牌
❺ 瘋馬巨石的書面簡介

↓ info
http www.travelsd.com

總統巨石

Mt. Rushmore National Park

4位歷任總統的偉大貢獻

　　總統巨石(Mt. Rushmore National Park)是位在南達科他州(South Dakoda)最有名的地標與景點，它更是全美國最著名的地標之一，因為總統巨石上的4位歷任總統——華盛頓、傑佛遜、林肯及羅斯福，分別代表他們在美國建國歷史上有特殊貢獻，它更象徵美國的精神，是讓美國人最自豪、偉大的一個旅遊景點。

　　不只一次曾在電影中看到總統巨石這個世界著名的地標，但位在美國哪個州，為什麼會有人想到要在巨石上雕刻總統人像，跟很多初次造訪的遊客一樣都很陌生，但也感到好奇。

　　車子還沒有抵達總統巨石園區時，遠遠就可以看到位在黑山山頂到4位美國總統人像巨石，直覺好像不是很巨大，只是當你穿過由

全國50個州州旗搭成的長廊後，站在景觀台抬頭一望，才發現真的是巨石的雕刻人像，每個人像的臉長就有60公尺高，單鼻子也有20公尺，兩眼寬達10公尺，不難看出真的很偉大！

4位總統的貢獻、雕刻過程

站在景觀台上可以眺望整個全景，你還可以更靠近去觀察，巨石下有條環山步道，可以走到巨石下用最近的距離仰望，步道上也按4位總統人像雕刻完成的順序，分別設了4塊標示牌，介紹這4名總統的生平與貢獻。

第1位也是第1任美國總統華盛頓，早在1930年就完成，大家都知道他是美國建國的國父，第2位是第3任總統傑佛遜，在1936年完成，他草擬獨立宣言，參與制憲，第3位是第16任總統林肯，解放黑奴讓他成為人權鬥士，更是南北戰爭讓美國統一的偉人，第4位是第26任的羅斯福，讓美國的經濟起飛，更一躍成為世界超級強國。

總統巨石人像雕刻工作是由Gutzon Borglum父子負責，從1927～1941年，耗時長達15年才全部完成，值得一提的是，原本設計只有3位總統，但在進行第3位也即林肯的人像雕刻開鑿時，因為炸藥計算有誤，在林肯人像旁多炸出約24公尺深的石塊，經評估還可以再多雕刻一位總統人像，後來才多出羅斯福總統。

雖然雕刻過程用到炸藥炸開石塊，

❶美國50個州的州旗與總統巨石
❷吸引遊客注意的霜淇淋看板
❸4位總統都有詳細的解說牌

217

但雕刻的功夫還是很精細，4位總統雖然都只有雕刻到頭部，但每個人的特徵、神情，都表現得淋漓盡致，讓我讚佩，想到「鬼斧神功」這句名言。

參觀博物館、找州旗拍照

觀景台的下方也有一個博物館，展示當年在開鑿時的工程如何進行，以及所使用的各種工具，很難想像如此大的巨石，如何精算到鑿出所需要的部位，尤其工人就一個個高掛在巨石上操作工具，也難怪這個景點會如此吸引遊客千里迢迢來參觀。

除了遠眺巨石人像，全國50個州的州旗，還分別高掛在廣場長廊50支長柱上，柱子上刻有州名與加入聯邦的年代，來自美國各州的遊客，也都很習慣先找自己住的那個州的州旗拍照，在我介紹的中西部幾個州中，我自然也最喜歡在美國建國100週年加入聯邦政府的科羅拉多州了，成為美國第38個州。

想更了解美國的歷史，廣場旁的遊客中心可參觀，也販售各種與總統巨石有關的各種紀念品，餐廳內則懸掛著美國從第1任到目前第45任總統的所有照片，邊用餐邊回顧歷任的總統，遊客總喜歡「品頭論足」一番，身高有195公分的林肯被評為「最醜」的總統，有遊客則認為第29任的哈定總統「最帥」，不過美國以外的遊客可能就對這比較沒興趣。

近距離接觸收穫更多

過去常在電影裡頭看見這個場景，這座總統巨石到底大不大？只有來到這裡才能看的出來，如果想更靠近，還可以走到山頭下近距離再仔細的欣賞，有些遊客來此都在廣場前拍拍照，建議你既然來了，就要去走一圈看看，收穫會更多。

Tips

↓INFO

🔳 npca.org/Mount_Rushmore

➡ 如果是從科羅拉多州的丹佛市出發，可以走385號州際公路北上，再接79號公路繼續北上，在何爾摩沙(Hermosa)後，再接40號公路向西北行，如果想去瘋馬巨石，可再接16、385號州際公路南行

4

❶總統巨石下的步道
❷❸野生動物處處可見
❹～❻總統巨石非常壯觀，不同的角度有不同的景觀
❼總統巨石公園內的大餐廳
❽餐廳內有很多與美國歷屆總統有關的資訊

7

5

8

6

還未雕刻完成的瘋馬巨石

瘋馬巨石
Crazy Horse Memorial

保衛家園土地的戰神

位在南達科他州(South Dakoda)的總統巨石，是一個大家都不陌生的著名景點，甚至在電影《國家寶藏》的電影場景中都看過，但距離這裡不遠處，還有一個稱爲瘋馬巨石(Crazy Horse Memorial)的景點，沒有總統巨石有名，但走訪參觀後，卻讓我滿感動的，因爲這顆巨石從1948年開始雕刻，至2013年已刻了65年只完成一部分，估計至少還要再花50年才能全部完成。

瘋馬巨石也是一座以人像爲主題的雕刻，主角不是美國總統，而是一位叫「奧格拉拉」的印第安族酋長，也有人說他是一名戰神、勇士；當年美國政府(白人)，因爲在他們的故有領域內發現金礦煤礦，強行進入保留區開採而引發衝突，他率領族人成功擊敗卡斯特(Custer)將軍所帶領的265名組成的第七騎兵隊，戰事震撼全美國。

大部分的遊客來到這裡，聽了故事都會很感動，只是聽了「還沒有完工」，又要花10～25美元的門票進入參觀，反而較沒有興趣，因爲站在大門外就可遙望到坐落在山頂的瘋馬巨石，遊客好奇議論紛紛，拍拍照「到此一遊」就上車走人。

將成為世界上最大的雕刻石像

瘋馬巨石人像雕刻完成最終的樣子，恐怕我不一定看得到，目前只能從博物館前的模型或簡介欣賞，是這名印第安酋長坐在一匹白色的馬背上衝刺，手指著前方，好像在說「你們白人強占了我們的土地」，但也有人說指的方向正好是總統巨石，不甘示弱的在說「你們有偉大的美國總統，我們也有偉大的民族英雄。」

只是這座很有故事性的瘋馬巨石雕像，按照計畫有563英尺高，一個臉部就已比總統巨石整個人像大4倍，如果真的能全部完工，將是世界上最大的雕刻石像，目前只能看到臉部部分表情，其他就留給遊客自己去想像了，說不定再過幾年還是「老樣子」喔！

Korczak不是印第安族人，他信守承諾要完成這座雕像，讓我想到杜甫《蜀相》詩句：「出師未捷身先死，長使英雄淚滿襟」，他應該和當時描寫諸葛亮的心境「壯志未酬身先死」一樣，如今家族接下重擔要繼續完成這座浩大的工程，堅持下去的精神也常令人感動，門票、捐款等遊客一點一滴的資助力量，希望積沙成塔，能協助他們早日完成這個偉大的夢想。

↓INFO

- [http] crazyhorsememorial.org
- ➡ 如果是從科羅拉多州的丹佛市出發，可以走385號州際公路北上，到Custer City後，再北行會就抵達瘋馬巨石

全年開放，須購票

Tips

位在總統巨石西南方約17公里處，通常遊客兩處巨石都會去，瘋馬巨石全年都開放，不購票進入，也可以從大門遠眺及拍照，見到山頭上還未完成的石雕像，你會佩服他們的精神。

印第安族英雄人物的紀念

History

這位勇猛善戰的印第安族酋長，成功保衛了家鄉的土地，但據說後來因拒絕與白人談判而遭人暗殺犧牲，成了印第安族的英雄人物，族人為了紀念他，請了當地一位波蘭移民雕刻家Sculptor Korczak，在保留區一塊巨石上雕刻這座瘋馬巨石，象徵印第安族的精神，也與不遠的總統巨石互別瞄頭。

Korczak很感動，決定接受這項工作，並從1948年6月3日「破土」動工，當時沒有機械式的工具，只能一刀一斧的鑿刻，他並在巨石下成立了一個文化村，開始蒐集一些印第安族的文物，準備在巨石雕刻完成時成立一個博物館，成為一個更完整的旅遊景點。

妻兒堅持的精神令人動容

完工之日遙遙無期，因為沒有充足的經費施工，完全靠各地的捐款，以致進度緩慢，Korczak還積勞成疾，在1982年病逝，目前雕刻的工作由他的老婆帶著7個兒子繼續進行，部分經費從目前已開放的小小博物館門票支應，至今他們仍堅持不接受政府的任何補助，何時才能完工成了未知數，有人估算，照目前只完成四分之一來說，可能還要花上50年以上。

I-70號跨州公路
Interstate 70 (I-70)

貫穿美國中西部各州

美國第一條跨州公路，
1956年開始開闢，1992年才算全線通車、
美國最長的跨州公路，橫越10個州，
全長約3465公里、
東起馬里蘭州，西至猶他州。

關於I-70號跨州公路

I-70是美國最長的跨州公路，東起馬里蘭州的巴爾的摩，西至猶他州的科夫堡，再與15號跨州公路連結；全長約2,153英里(約3,465公里)，共跨越賓夕法尼亞、西維吉尼亞、俄亥俄、印第安納、伊利諾、密蘇里、堪薩斯、科羅拉多等，以及東西兩端的兩個州共10個州。

I-70號跨州公路是美國第一條跨州公路，從1956年就開始興建，但全線也因位在科羅拉多州的格林塢峽谷聖羅菲史威爾段，穿越海拔最高脈的艾森豪隧道興建工程打通完工，連接兩端，不必再繞經舊有的國道6號公路，到1992年才算全線完成。

要來到美國中西部旅遊，I-70號州際公路是必走之路，屬高速公路，全線至少都是4線的車道，大部分的時間都很好開，不過貨櫃車輛不少，常見拖著3個貨櫃，公路標誌為藍底盾形，白字書寫公路編號，很好認，也不易開錯路，這條公路可以說貫穿美國中西部的各州。

開車限速依地區不同

如果是自己租車開車，就要特別注意限速，途中常有警察在執勤攔檢，因為車輛少路又寬直，很容易超速，限速依地區不同，在大城市附近原則上是每小時55英里

I-70號跨州公路地圖

(89公里)，郊區一般在每小時65〜80英里(105〜129公里)，要隨時注意公路旁的標示。

自行開車，盡覽沿路風景

　　從西岸的洛杉磯進入美國本土旅遊，很多人租車自行開車都會選擇走15號州際公路再進入猶他州接上I-70號公路，可以從西岸一直玩到東岸，其中大部分都在中西部的猶他州(約373公里)、科羅拉多州(約683公里)，沿途風景多。

　　還未進入I-70號公路前，走15號跨州公路會經過大城市像賭城拉斯維加斯，並停留遊玩，但進入猶他州後，就好像進入了荒漠地帶，寸草不生，只有一種耐旱的植物仙人掌，不見房屋高樓，也少有林木等森林，幾乎全都是光禿的土地，但兩旁也偶爾出現風化的峽谷或山脈，乍看之下還有點像大峽谷的風光。

❶ 科羅拉多州境內多翠綠森林
❷ 猶他州境內少見高大青綠樹木
❸ 猶他州境內處處可見風化的山頭

關於I-70號跨州公路 About Interstate 70 (I-70)

一路欣賞國家公園等自然景觀

猶他州最有名的「拱門國家公園」，就在I-70號公路附近，向西行快到科羅拉多州邊界往南走即可前往，可以安排1～2天的行程，或沿15號公路往北走，可以來到猶他州的首府鹽湖城，參觀摩門大教堂，或再往北走可經愛達荷州前往大提頓與黃石國家公園。

值得一提的是，在猶他州境內，格林河以西約50公里處，有一個聖拉斐爾(The san Rafael Swell)的景點也不錯，就在I-70號公路上，長途開車難得有中途休息站，雖只是一間環保廁所及停車場，但還有風景可欣賞，這裡又稱為迷你型的美國大峽谷，砂岩、頁岩、石灰岩地質，在40萬年前的造山運動形成的自然景觀，有被侵蝕的河谷及台地，非常壯觀。

短暫停留各城鎮知名景點

開車旅遊很方便，一路沿著跨州公路開，絕不會迷路，路途遙遠，沿途遇有城鎮都可短暫停留，或選擇在沿途的加油站休息，順便加油，最好都把油箱加到滿，以免途中有狀況，如果需要用餐也要就地解決，美國的高速公路不像台灣的高速公路幾公里就有休息站可停，往往一開就是3、4個小時不停車。

❶ 猶他州境內有如沙漠般荒蕪
❷ 進入科羅拉多州境內經常是萬里晴空
❸ 科羅拉多州位在格蘭伍德溫泉區的路段較險峻

❹❺ I-70跨州公路翻山越嶺,一山過又有一山
❻ 科羅拉多州格蘭伍德溫泉附近路段公路分成兩層
❼ I-70跨州公路猶他境內公路兩旁雖荒蕪但非常壯麗

7

關於I-70號跨州公路 About Interstate 70 (I-70)

從猶他州進入科羅拉多州後，放眼望去不再是荒涼的景象，沿途的城鎮較多，第一個大城大連結市(Grand Junction)，也是科州的第3大的城市，離附近知名的景點科羅拉多州地標(Colorado NM)很近，可以順遊，公園範圍很大，開車走一趟約40分鐘，各種奇岩怪石、山谷、斷崖、石柱，大多是紅色，傍晚來遊，非常壯麗。

可安排兩天一夜行程

如果是從加州出發，途中可以選擇停留在拉斯維加斯、鹽湖城住上一夜，或再往東走，可以來到有全美最大溫泉池的格蘭伍德溫泉(Glenwood Springs)，是值得住上一夜的溫泉觀光勝地，翌日還可以安排去走位在高山上的懸湖(Hanging Lake)，如果向南行走82號公路，可以前往全國知名又號稱最高級的滑雪場(Aspen)，以及栗色湖(Maroon Bells)。

❶～❹ 公路兩旁的地質地形景觀非常壯麗
❺～❼ 位在猶他州境內70號跨州公路旁的「聖拉斐爾峽谷」
與公路休息站

I-70號公路過了格蘭伍德溫泉後，再往東行時，有一段路是沿著科羅拉多河的溪畔在走，有時還見的到對岸也是沿著溪畔在走的鐵路，這段公路因位在峽谷中，兩旁都是陡峭的岩壁，原是兩線車道雙向，後來又興建一條由東往西方向的車道，但改採用高架方式，蜿蜒在河谷與山崖中，這裡風景漂亮，路旁設有停車場，可停車欣賞。

其實往東行時，因為要穿越最高點的艾森豪隧道，公路會越來越往上爬，海拔越高，越容易下雪，因此這裡有知名的滑雪場，包括享譽世界的高級滑雪場勝地，就位在韋爾(Vail)以及銅山(Copper Mtn)，喜歡滑雪是最佳選擇。

↓ INfo
http www.en.wikipedia.org/wiki/Interstate_70

艾森豪隧道
Eisenhower Tunnel

全美最高的公路隧道

沒有休息站和停車場可停留

Tips

這座隧道是70號公路的最高點，兩端都沒有設休息站或停車場，因此只能通過不能停留，行經隧道不塞車時約5分鐘就出隧道，從裡頭其實也看不出工程的雄偉，空氣稀薄倒有感覺。

艾森豪隧道是美國I-70跨州公路的最高點，海拔11,158英尺(3,401公尺)，位在科羅拉多州格林塢峽谷的聖羅艾史威爾路段，是美國公路工程中的一大創舉與奇蹟，雖然它不是一個景點，不能停車或停留下來參觀，但是重要的交通要道，在科羅拉多州旅遊經常會經過這個隧道。

這座隧道和其他很多的公路隧道一樣，最主要是提供車輛通行，早年沒有開挖之前，車輛要翻越這裡最高點洛磯山脈的「Loveland Pass」的埡口時，必須蜿蜒開到山頂再下山，冬季雪季來臨時，道路積雪嚴重非常危險，因此決定開挖貫穿山脈的公路隧道，也可以縮短至少1個多小時的行車時間。

只是1940年提出這項計畫後，卻因各種

原因，延到1968年才動工興建，原工程工期3年，卻花了5年的時間才打通，因開挖後才發現工程艱鉅，花崗石非常堅硬，完工時整個工程費用花了1億1,700萬美金，造價昂貴。

行人、腳踏車、輕機車禁止通行

原先也只開挖了一座隧道，雙線雙向，但沒多久就因通行的車輛太多而經常塞車，1975年決定在同一座隧道的南邊再興建一座隧道，並在1979年完工通車，才改為單向雙線，但兩端出口的海拔高度，因為有斜度，東端為3,357公尺，西端為3,401公尺，兩座隧道長度也不同，分別是2,720公尺與2,730公尺。

艾森豪隧道不但是全美最高的公路隧道，也是全美最長的公路隧道，在第二座隧道

開通時，原要用提議興建參議員Edwin C. Johnson的名字命名，但沒有通過，因此一直都稱為艾森豪隧道。這座隧道禁止行人、腳踏車、輕機車以及載運危險物品的貨車通行，都仍必須繞行原舊有的公路翻越山嶺，隧道兩端都有著名的滑雪場。

↓INFO

http www.en.wikipedia.org/wiki/Eisenhower_Tunnel

專心開車喔，進入隧道也會有高山症狀

科羅拉多地標
Colorado National Monument
宛如夕陽染得一片通紅的峽谷

科羅拉多州的西班牙文意即「紅色」，來到科羅拉多州的紀念碑就可印證這一點，和知名的大峽谷很像，所不同的是這裡的巨石幾乎都是呈深紅色，尤其當你選擇在夕陽要西下之際，整個峽谷盡是一片通紅，一座座像經過雕琢過的紅石，千奇百怪，有時像極了一尊尊的具有千古年代古董雕像。

這個峽谷位在科州的最西邊，已接近猶他州的邊界，因位在跨州的70號公路附近，常常成了遊客順遊之地，不是一大清早上前來，就是快黃昏之際才上來這裡參觀，而且只有一條路可進出，兩端分別在70號州際公路上的弗魯塔(Fruita)和大章克申(Grand Junction)，交通很方便，也是開車很容易到達的地方，峽谷與巨石的自然景觀是其特色。

充滿各式各樣奇特巨石群

從西北角的Fruita進入公園後，就沿著一條叫「來時路」的公路而上，不斷爬坡轉彎，開到較高的地方後可以停下車來回頭俯瞰，再看到腳下那條剛走過的路時，腳都會發軟，放眼望去，到處都是巨石，圓柱狀、長條狀、尖塔狀，還有石柱上有好幾噸的巨石的「平衡石」，千百年來一直沒有倒塌及掉落，地心引力作用吧。

公園內也許看來看去都只有「石頭」，還會讓你想到這與猶他州的拱門國家公園內巨石也很像，不過這裡的巨石都坐落在峽谷中，看起來壯觀多了，尤其從高處俯瞰山谷更是壯觀，各種形狀都有，遊客中心附近可以看到最有名的地標之一，就像「管風琴」的一排圓柱狀巨石群。

這裡的山壁幾乎都呈90度的垂直狀，深不見底，公園公路也就沿著山崖而走，全長23英里，除了開車，也有遊客會選擇騎單車遊覽，但需花上半天的時間，遊客多開車前往，省時又省力，可以停在各景點，再下車走步道，很多步道及觀景台就建在好幾百公尺深的懸崖邊上，可以訓練你的膽量，站在懸崖看對面的懸崖，風景奇特又美，很特別的體驗。

↓INFO

🌐 www.nps.gov/colm

📞 1-970-858-3617

➡️ 走70號跨州公路，在26公里處南下接50號州際公路前往。如果前往黑峽谷國家公園，可走50號州際公路北上，也可以前往

建議下午時間開車前往

除非你是挑在最炎熱的中午時刻前來，否則整個峽谷都會呈現明與暗的兩種景觀，這與太陽照射有關，公園非常大，面積約有8,300公頃，南北走向，較美麗奇特的景觀大多在園區的西側，峽谷多在公路的的東側，回程時與上山剛好相反，路一樣彎來彎去，且急速下坡，必須換低檔注意踩煞車，景色也不同，可以再回顧一次，很享受的。

建議開車前往，搭配走一些步道，停下來欣賞，喜歡拍照可多逗留一些時間，行程規畫半天較適合，如果只想開車逛一圈，約2小時就可以逛完這個公園，記得最好下午傍晚前來最佳，清早陽光太強，景觀感覺並不美。

Notes

觀景台位在懸崖旁，請小心！

公園範圍很大，開車繞一圈約40分鐘，有些景點設有停車場可以下車沿著步道行走觀賞，有些觀景台就設在懸崖旁，要特別小心，不可隨意離開步道。

讓人驚嘆、鬼斧
神工的最佳作品

❶～❺ 科羅拉多地標的奇岩怪石，造形都很奇特，
像是一座座的石雕作品陳列在山谷中

懷俄明州
State Of Wyoming

第一個擁有女性選舉權的平等之州

美國土地面積第10大的州、全美人口最少的一個州，
人口約50萬、李安電影斷背山故事的發生地、
地球上第一個國家公園的州。

關於懷俄明州 About Wyoming

懷俄明州是一個很特別的州,面積廣達25萬3千多平方公里,在全美國50個州中排第10大,但人口只有約50萬人,是全美國50個州中人口最少的一個州,也許你對這個州很陌生,但提到黃石公園你一定知道,它就位在這個州,此外還有兩個知名的旅遊景點——大提頓國家公園(Grand Teton National Park)、魔鬼峰(Devil's Tower National Monument)自然保護區。

懷俄明州有「牛仔之州」之稱,在1802年由當時的傑佛遜總統,花了1,500美元,向法國拿破崙將軍買來的,1867年聯合太平洋鐵路通車到香岩城(Cheyenne)後才陸續有居民遷入,在翌年的1868年成立州政府,並在1890年加入美國聯邦政府,成為美國第44個州。

猶如斷背山電影裡的景色

「懷俄明」是印第安族的語,原意是「廣大的草原」,台灣之光名導演李安拍的電影《斷背山》,其原著故事的發生地就是懷俄明州,只是取景不在這裡,而是加拿大的亞伯達省,但大片草原與藍天白雲的景色卻相似。

《斷背山》這部電影描寫兩名西部牛仔的同志戀情,來到懷俄明州你感受不到電影中的浪漫情節,見到一望無際的草原與牛群,反而會感受到如果也在這種環境中,感情會是多麼的孤獨,會想去追尋愛。

懷俄明州自豪的,是全世界第一個女性有選舉權的州,早在1869年,並在1925年選出全美國第一位女性的州長Nellie Tayloe Ross,因此也被稱為平等之州(Equality State)。

❶❷ 懷俄明州處處可見大草原，隨季節的變化有不同的景觀
❸ 土地超大可以開店賣飛機？一處機場停放待售的各種二手飛機

INFO
www.wyomingtourism.org

懷俄明州地圖

香岩城
Cheyenne

懷俄明州首府、最大城市

懷俄明州的首府「香岩城」，也有翻成「夏安」，位在懷俄明州的東南方，人口約7萬人的小鎮，但卻是一個交通重要的城市，公路有南北向的25、180號州際公路，以及東西向的80號州際公路經過，以及早在1867年就開通的鐵路——聯合太平洋鐵路，與Bnsf線的鐵路都在此城市交會。

雖然是首府，也是全州最大的城市，市區見不到高樓大廈，市中心區有條國會大道(Capitol Ave.)，建城歷史悠久，因此也有百年以上的老飯店，像The Plains Hotel建於1911年，建築還是很氣派豪華，還有老戲院，州議會建於1890年，也是一個很有歷史的建築，中間凸出金黃色的圓頂，都是常見美國議會典型的設計，四周有不少雕塑藝品，有印第安人、美國大野牛、牛仔、拓荒著及表達和平等造型主題。

♦Info

http www.cheyennecity.org

➡ 位在懷俄明州的東南邊，接近科羅拉多州與內布拉斯加州的交界，80號跨州公路與25號跨州兩條公路的交岔點

←↑→香岩城拉斯格高由太陽能提供能源的公路休息站

香岩城這個城市不大，除非住下來，可以參觀一些街道建築，因為觀光客來此，主要目的地，幾乎都是要前往世界最知名的景點「黃石公園」，因此街頭較冷清，不是很熱鬧的景象，從各地來的遊客，多只是經過這個城市時稍作休息或用餐，很少會進城觀光旅遊。

Notes

前往其他景點的必經要道

懷俄明的首府，要前往總統巨石、瘋馬巨石及魔鬼峰的遊客，如果是從南邊的科羅拉多州前來，都會經過這裡，甚至前往黃石公園也是，有些遊客會在此住上一晚。

黃石公園
Yellowstone National Park

充滿五彩繽紛的地熱溫泉

不到黃石公園，你不知道美國有多美，
它是地球最美的表面

Yampa Hot Spring
Yampa is Ute for Big Medicine
Developed in 1888
Flow 3.5 million gallons per day
122°F   50°C
CAUTION: EXTREME TEMPERATURE
Authorized Personnel Only beyond fence

DANGER
Fragile Thermal Area
KEEP OUT

❶ 黃石公園之美，只有身歷其境才能感受
❷❸ 公園各景點都有詳細的導覽解說牌
❹ 你可以遠觀，也可以走上木棧道近距離品味欣賞
❺ 很多地熱仍不斷噴出熱泉，禁止接近

　　黃石公園是美國也是世界第一個國家公園，被喻為「地球最美的表面」，常聽人說「不到黃石公園，你不知道美國有多美」，而它最美最吸引遊客的就是大大小小五彩繽紛奇幻的地熱溫泉池，初次造訪這個公園都為之驚豔，認為有如人間仙境般，更成了黃石公園最美麗的地標。

　　先後到過美國旅遊了4次，一直沒有機會到黃石公園，2012年我再次飛到美國，總算能如願來到黃石公園，過去只能從旅遊書本上欣賞，這次踏上這片土地，驚奇連連，分秒都不想浪費，走過多少國家多少國家公園，黃石公園之美讓我人生沒有遺憾。

列為世界自然遺產

　　面積廣達8,983平方公里的黃石公園，位在美國中西部懷俄明州的西北邊，公園的西北邊還與愛達荷州(Idaho)與蒙大拿州(Montana)交界，在幾百年前是印第安族的土地，後來被美國兩位探險家路易斯與克拉克發現這塊美麗的新大陸，1872年3月1日成立為國家公園，緊接著在1978年就被列為世界自然遺產。

　　黃石公園成立已超過130年，公園四周被

高山環繞，從位在北邊只有1,620公尺的加德納(Gardiner)到最高海拔3,462公尺的鷹山(Eagle Peak)，成為熊、美國大野牛、鹿、大角羊、灰狼等野生動物的天堂，大野牛與大角鹿最易見到，大野牛大而溫馴，但卻常造成車禍致遊客傷亡，黑熊最危險，但不易見到，步道上最多牠的警告標誌。

❶以五彩繽紛的地熱與溫泉池出名，被稱為地球上「最美的表面」
❷秋冬的松葉與松果
❸❹黃石公園內最常見的大野牛
❺美國的國鳥「白頭海鵰」也是公園的常客

❶ 熱泉形成的黃石湖泊　　❷ 熱泉也流出廣大又美麗的地表　　❸ 老忠實泉很忠實從過去到現在，都仍定時噴出熱泉

隨時有可能爆發的活火山

　　來到黃石公園遊玩，你不能不知道，它雖然早在6,000億年之前就因地層岩漿爆發而形成，但至今仍是地球上地層下活動最頻繁的地區，也就是說黃石公園其實就是一座活火山，只是在人類有紀錄的歷史上還沒有爆發過，但在幾十萬年前的地質時代，曾經爆發過。

　　遊客聽了總好奇，即然還是活火山，那下一次爆發會發生在什麼時候？導遊總會說「隨時都有可能火山爆發」，從2004年開始，黃石公園地震頻繁、有地表隆起等狀況，如果真的發生火山爆發，絕對是全面性的大災難，美國將全被火山灰所淹沒，聽了還真毛毛的，只是這裡每年仍有超過300萬的遊客來此遊玩，在全美國家公園中排名第一。

　　黃石公園雖然沒有再發生過火山爆發，但1988年卻發生了森林大火，有三分之一的原始林木被燒毀，現在遊黃石公園，還是可以見到被燒成焦黑，一棵棵或躺或歪歪斜斜的樹幹，之前這些林木也遭到蟲害而乾枯，一場大火也解決了蟲害，已可見到新生小棵的林木在成長，這裡有很大的土地，是太古時期的松樹森林，自然生態豐富。

世界最美麗的神祕溫泉

　　公園內估計有超過1萬個大小溫泉(Hot Spring)及間歇噴泉(Geyser)，幾百年來仍不停的噴出溫泉或水柱，是遊黃石公園最熱門的景點。

　　「彩色的溫泉？」公園內大小不一的溫泉池都是好像染上鮮豔的水彩，有藍、有黃、有紅、有綠、有紫，有你說不出的色彩，這些奇景是因為池內有藻類、細菌與硫磺，加上礦產質及長年累月的侵蝕而構成，這些生物為何可以生長在這種高溫下，則是無解，只能說這些火山地質景觀如奇幻般的神祕。

　　其中最美的大稜鏡泉(Grand Prismatic Spring)，是攝影家最想獵取的鏡頭，只是必須從高空俯視才能一窺全貌，一般遊客只能從平面欣賞，比較感覺不出它的美麗，不過你也可以買張明信片，一樣很美的。

伴著獅吼聲的老忠實噴泉

有人說，黃石公園的美，是歷經千萬年的冰火交融(冰川與火山)千錘百煉所雕琢，才有今天的奇觀，公園雖分為峽谷、湖泊、溫泉地熱及野生動物等遊憩區，但遊客最喜歡的還是地熱溫泉，以及間歇泉，其中間歇泉估計有300多處，占全世界間歇泉總數的一半以上，是世界最密集間歇泉地區。

要觀賞間歇泉，有最有名的老忠實噴泉(Old Faithful)就位在遊客服務中心前，長排的座椅提供遊客近距離觀看，約每隔半小時到2個多小時會噴一次，短約1分多鐘，長有5、6分鐘，噴到最高可達60公尺以上，有時還會伴著如獅吼的聲音，非常壯觀，只見滾燙白色透明的水柱，在雲霧中冷卻後，迅速又凝結成白霧，如遇有強光照射，還會出現彩虹，「忠實」的固定噴出，不曾間斷，造物之神奇也讓人嘆為觀止。

有如中國山水畫的黃石瀑布

除了神奇的間歇泉，還有長達40公里的峽谷之美，公園內最大的河流「黃石河」，源自黃石湖後向北流，在公園內峽谷間淘湧奔騰，穿越黃石大峽谷，因高低的落差大，形成33公尺高的「上黃石瀑布」，與94公尺高的「下黃石瀑布」最為壯觀，從河岸的「Lookout Point」景點觀看最佳，勢如破竹直流而下，兩岸險峻的山谷與林木盡收眼底，有如中國的山水國畫。

黃石公園範圍太大，景點也多，行程安排完全看個人要怎麼玩法，自己開車去可以更深入走訪，但一定要先作好功課，參加遊旅團最方便，會安排好最主要的景點，省去不少時間，大多可以安排住在黃石公園一晚，省去開車勞累，至於露營方式則不建議。

「世界第一個國家公園！」黃石公園有這頭銜加持，可想見它在旅遊上的地位，但也有人質疑，1832年就成立的阿肯色州溫泉國家公園(Hot Springs National Park)成立更早，而美國最大面積的國家公園也不是黃石公園，而是阿拉斯加的「Wrangell-St. Elias」，但沒有改變遊客對黃石公園的吸引力，公園的多樣化，則絕對稱得上是美國各國家公園的縮影，絕對是一生至少應該來一次的地方。

行程規畫至少2天

Tips

黃石公園範圍非常大，幾乎是一年365天，24小時從早開放到晚上，想一天遊玩不太可能，至少安排2天以上，才能走完各主要景點，如果自己不想開車，公園內都有巴士可搭，並分成多個區域，非常方便，公園內有很多地方都可以露營，公園內有很多野生動物，如美國大野牛，不要靠近，下車時更要注意安全。

↓INFO

http www.nps.gov/yell

✉ P.O.Box168,Yellowstone National Park.WY 82190-0168

☎ (307)344-7381

➡ 位在懷俄明州的西北角，共有4條主要道路可進入公園內，一般最常從Cody城走14、 16、20公路，或從南邊的猶他州北上經傑克牛仔城，再走191、89、 287號公路北行進入

❶ 遠眺黃石河上的下黃石瀑布，仍非常壯觀
❷ 公園各景點之間的遊園巴士
❸ 湖中熱泉的噴出口竟能形成小島
❹ 地熱噴出含有豐富鈣質的熱泉形成很奇特的藍色湖
❺ 地熱在地表形成的花紋有如一幅抽象畫
❻ 公園內有不少餐廳可供遊客選擇

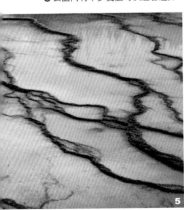

大提頓國家公園
Grand Teton National Park

位在懷俄明州西北部,緊鄰著美國第一個國家公園——黃石公園的南邊,常常是前往黃石公園後順遊的另一個國家公園,因有座海拔4,197公尺高的大提頓峰而命名,早在

1929年2月26日就成立為國家公園，兩座國家公園都在洛磯山脈內，也同屬大黃石生物圈的地質特性，自然景觀壯麗豐富，但知名度卻沒有黃石公園出名。

大提頓山是美國第5高峰，懷俄明州的第1高峰，除了主峰，次高的中提頓山海拔也有3,902公尺，以及3,814公尺的南提頓山，山脈綿延60幾公里長，有8座海拔超過3,600公尺，群峰層層相連又挺拔，險峻多呈金字塔，好像大小尖山。

看到主峰時讓你有似曾見過的印象，沒錯，就在電影院中，電影一開始就出現的鏡頭，它是美國派拉蒙電影公司(Paramount Pictures Corporation)的標誌，至於花了多少錢取得商標使用權，不得而知，但價格應該不低，一般都列為商業機密。

大提頓國家公園的草原與高山，景色如畫，派拉蒙電影公司的標誌「大提頓」藏在雲霧中

峰峰相連的積雪高山，
如畫般的山景倒映在湖面

如詩如畫的四季景色

公園範圍廣達1,255平方公里，內有條長達300公里的登山步道，以及傑克森湖(Jackson Lake)與珍妮湖(Jenny Lake)等美麗的湖泊，還有一條因為形狀就像一條蛇的蛇河(Nake River)，園內野生動物很多，最常見的美國大野牛，經常就走在公路上，讓你停下車看個夠，也常會遇到麋鹿群，也有黑熊，但比較不易見到。

沿著山腳下的公路與湖畔走，遠處可眺望峰峰相連積雪的高山，天氣晴朗時，壯麗的山景讓你讚美，有時卻躲在雲霧中，只能隱隱見到山頭，近在眼前，如鏡面的湖泊總是平靜無波，如畫般的山景就倒映在湖中，但到了冬季冰天雪地，整個湖面都結冰，銀白色世界，又是不同的美景。

大堤頓命名的由來

History

為什麼要叫「大提頓」？最早來到這裡的法國殖民墾荒移民，到山腳下狩獵時，驚見這座山的山峰時，竟越看越像女性的乳房形狀，才取名「teton」，法語的意思就是「乳房」，也有人稱讚是美國的「阿爾卑斯山」，後來中文就用「teton」直譯為「大提頓」。

風景攝影迷的天堂

大部分的遊客都是到黃石公園遊玩後,有多出的時間再安排前往大提頓公園遊玩,公園以高山著名,春夏秋天景色都不一,喜歡拍「風景畫」的攝影愛好者最喜歡在這裡停留拍照。

❶「蛇河」蜿蜒流過大提頓公園
❷ 導覽解說讓你認識大提頓的自然生態
❸ 草原中常出現的巨大土撥鼠,不可餵食
❹ 很受遊客喜愛的辣椒奶酪大熱狗

❺ 入秋的大提頓公園草原,就像一幅水彩畫
❻ 派拉蒙電影公司的商標大提頓山山頭終年積雪
❼❽ 大提頓公園的主要河川蛇河,形狀真的就像一條大蛇

　　春天來臨時,湖的周圍百花盛開,大片青翠的松林點綴其中,夏天翠綠一片,入秋時則是遍地染上又黃又紅的樹林與落葉,湖光山色把公園妝點得如詩如畫,春夏秋天4個季節,就看你什麼時候來造訪,相信每一次都會讓你驚豔。

放慢腳步感受大不同

　　來到大提頓國家公園,其實可以多做停留,放慢你的腳步來欣賞,它的幽靜與壯麗,和經常是人潮擁擠又多變化的黃石公園,剛好是一靜一動,同一天走訪這兩個國家公園太可惜,安排兩天行程也不過癮,但走完了這兩個公園,一定讓你有不同的感受與收獲。

　　一般旅遊行程規畫,大都會先安排到黃石公園,再到大提頓公園,如此安排是較順路,但很多人遊過黃石公園後,帶著一身疲憊再到大提頓公園時,往往就提不起勁,見山不是山,因此也可以逆向操作,先去大提頓公園再到黃石公園,相信會有不同的感受。

⤵ info

🌐 www.nps.gov/grte
✉ 位在傑克森牛仔城北邊約12里處
☎ (307)739-3399
➡ 去大提頓公園,和去黃石公園幾乎是走同一條公路,從猶他州來,會先到大提頓公園再前往黃石公園,如果是走北邊進入黃石公園,剛好相反路線

魔鬼峰
Devil's Tower National Monument

經典電影場景拍攝地

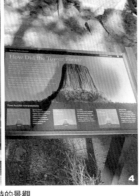

❶ 魔鬼峰高聳奇特的景觀
❷ 魔鬼峰山頂人煙罕至，成了鷹等猛禽最佳的築巢處，常見大批鷹群在四周盤旋

❸❹ 遊客中心與導覽解說牌
❺ 火山漿千年來形成奇特的直立式岩壁

魔鬼峰也稱為「魔鬼塔」，因為它不能算是一座山峰，反而好像是一座塔，地質學家研究，約在5、6千萬年因火山爆發岩漿流出後擠壓出來所形成，還沒有抵達遠遠就可以看見，感覺很面熟，好像在哪兒見過，沒錯，又是電影裡的場景，1977年代史蒂芬史匹柏導演的科幻片《第三類接觸》正是在這兒拍的，外星人所乘坐的飛碟正是降落在魔鬼峰前的，這經典一幕讓人印象深刻。

魔鬼峰在1906年成為美國第一個國家保護區(國家紀念碑，National Monument)，並由羅斯福總統命名，如果以海拔計算，高度是1,558公尺，如果從附近的貝利霍雪河的河床計算高度則是386公尺，但如果從其底部計算只有265公尺，不過如果站在魔鬼峰下仰望，還是覺得很高，峰頂有如一個大平原有6,000平方公尺，相當一個足球場那麼大，稱的上是罕見的自然奇景。

圓柱狀的花崗石，站在底部欣賞，你會發現這座山相當陡峭，攀爬不易，四周幾乎都是成垂直的圓柱狀石塊，這是火山岩漿冷卻凝結不斷風化浸蝕形成，1893年一名叫羅吉斯(William Rogers)的男子花1小時即攀登成功，兩年後他的太太也不甘示弱，沿著他爬過的路徑成功攻頂，成為第一位爬上魔鬼峰的女性。

攀岩攻頂，挑戰自我體力

由於魔鬼峰四周沒有其他的山峰，周圍盡是寬闊的平原，因此顯得非常突出，高聳入雲，是喜歡攀岩者最愛挑戰的地方，據說每年來此攀爬者超過5,000人，但多數都未能攻頂，但來此旅遊的遊客更多，有機會甚至可以觀看到他們在攀岩，有時還可以見到數百隻的鷹群在山頂盤旋，非常壯觀。

❶❷ 環繞魔鬼峰下的步道

來到魔鬼峰，可以在山峰的底部步行走一圈，2公里的路程約半小時，從不同的角度仰望這座魔鬼峰，雖挑戰自己的體力，你也可以找適當的地點爬看看，滿布的大小石塊並不容易爬，拍照時有時還覺得太近無法照到全景壯觀的山峰。

時間充裕，有體力，可以嘗試外圍另一條4.8公里的步道叫「Red Beds Trail」，可以較遠的距離欣賞魔鬼峰，步道兩旁都是枯木林木，過去盛傳有黑熊出沒，早年這裡是印第安族的聚落，他們稱之為熊屋(Bear Lodge)，意即熊住的地方，因此常有熊出沒，只是不容易遇到，因為黑熊也害怕人類會射殺牠們。

參加團體旅遊，帶隊的導遊總會用「北斗七星」這個故事介紹「魔鬼峰」，遊客聽了也半信半疑，只是見到了高大的魔鬼峰時，卻覺得又好像有點真實，但來此參觀的遊客，最好還是遵守公園內的各項規定，走在步道上，也不要輕易去嘗試攀爬，因為都有可能發生危險。

北斗七星的星座由來 *History*

至今卻仍盛傳一個七姐妹與兩兄弟的故事，相傳他們有天一起出遊，但兄弟卻突然變成了一隻黑熊，拚命要追七姐妹，她們爬到一棵巨樹上，黑熊仍拚命地一直圍著樹幹轉，用銳利的大爪子在樹幹上抓出一道道的深痕，這棵巨樹就是後來的「魔鬼峰」，留下的深痕就是現在所見的一條條圓柱狀石塊，而躲在巨樹上的七姐妹後來變成了七仙女，更飛上天成了仙女座——北斗七星。

視行程、路況，還可以賞鳥喔 *Tips*

來這裡就是要看這顆很奇特的高大巨石，可以在巨石下走一圈，從不同的角度看，會有不同的景觀，但不可離開步道亂走亂爬，步道也有分遠近(徒步行走的時間長短)，可以視行程的安排，路況不錯，巨石上有各種鳥巢，但需用望遠鏡才能觀察到，常有鷹群飛翔，是賞鳥的去處，從早上9點開放下午4點。

↓*INFO*

http www.nps.gov/deto

➡ 魔鬼峰雖位在懷俄明州，但位在東北邊，靠近南達科他州，遊客大多會安排先前往總統巨石、瘋馬巨石後，再沿著90號跨州公路西行，在185公里處接14號公路前往

傑克森牛仔城

Jackson Hole

充滿早期西部風格建築

傑克森牛仔小鎮，是從懷俄明州要進入大提頓公園與黃石公園南邊的一個門戶，英文字「Hole」的原意是洞穴，不過現在看不到什麼洞穴了，來到鎮上第一個直覺就是這裡很西部，彷彿走進時光隧道，雖然也有一些現代化的建築，但鎮上的一景一物，很多都保留了早年西部牛仔時期的風格。

這個西部小鎮，如果不是要進入大提頓國家公園，或是從大提頓國家公園離開，應該不會在此多做停留，遊客多是路過，街上還是滿熱鬧的，紀念品店、小吃店、

❶ 汽車玩家把古董車拖來牛仔城參加活動
❷ 哈雷重機車族遊客，是牛仔城的常客

257

咖啡店林立，一排排的木造房屋及商店營造出早年牛仔盛行的年代，只是現在見不到牛仔了，不過有時還會見到古董級的老爺車在街上。

走在街上，感覺好像這些場景只有在西部牛仔槍戰電影中才見的到，置身其境，好奇又新鮮，尤其街道建築處處可見到鹿角的裝飾，異想天開還希望會出現騎著馬的警長在街上巡邏。

傑克森牛仔城特產——鹿角

說到鹿角，成了傑克森牛仔城的「特產」，每年都有成千上萬頭的麋鹿，集體遷徙到城北的山頭——國家麋鹿保護區避冬，牠們會從年底12月一直留到翌年的2月間才離開，這時頭上美麗硬化的鹿角會自然脫落，再長出新的鹿角來。

因此，保護區內到處都能撿到鹿角，鎮上很多居民都拿來做裝飾，屋裡屋外都看的到，滿高級的裝飾，這要是在有華人的地區，早就被人搶光了，因為鹿角(又稱鹿茸)是中藥的大補品，貴得嚇人。

Notes

進入國家公園的門戶
位在懷俄明州的西邊，是進入大提頓公園與黃石公園的南邊重要門戶，遊客都會在此停留觀光休息，是一個很有西部牛仔風格的城鎮，有很多賣紀念品的小店，有興趣可以參觀。

❶❷ 傑克森牛仔城充滿西部風味的街景　　❸ 鹿角公園內的牛仔雕像

全世界獨一無二的鹿角公園

這些鹿角實在太多，後來竟用來蓋公園，做為裝飾公園門面的材料，來到傑克森牛仔城，鹿角公園必然成了必遊之地，就在鎮內最熱鬧的市中心，公園東南西北4個入口處，共搭建了4座用鹿角為材料的巨型拱門，遊客驚奇，總是一邊觸摸一邊質疑地說「這是真的鹿角嗎？」

當然是真的，有遊客還以為是塑膠製品，懷疑怎麼會有這麼多堆積如山的鹿角？難怪這個公園就被稱為「鹿角公園」，全世界獨一無二，公園內還有一座紀念雕像，都是遊客拍照景點。

傑克森牛仔城因為有蛇河流經，加上地形險峻而有不少落差，夏季冰雪融後，成了泛舟(美國稱為漂流)的最佳河域，兩岸充滿茂密的森林，野生動物如麋鹿、美國大野牛處處可見。

↓INFO

http www.en.wikipedia.org/wiki/Jackson,_
  Wyoming
➡ 位在191、26、89、22號公路上

❹❺傑克森牛
仔城最有名的
鹿角公園

猶他州
State Of Utah

有蜜蜂窩之州之稱

這個州除了沙漠，
大多是一片荒涼景象。
這個州立法禁止賭博，
白天晚上溫差大。

關於猶他州 About Utah

如果你是租車從洛杉磯往東走，沿著跨州70號公路進入猶他州時，第一個讓你印象深刻的會是什麼？一望無際的沙漠、荒涼到不見人影，真是如此，不見動物的蹤跡，連植物也少得可憐，這就是猶他州。

荒涼歸荒涼，但整個州卻到處都是石頭？猶他州如果要談有什麼特色景點，除了荒漠，說來說去就是風化的紅色石頭了，石頭會有什麼好看？沒有來過猶他州相信你不知道這裡只靠「石頭」，每年就會吸引上千萬遊客來造訪。

州內除了知名的拱門國家公園與錫安國家公園，包括布萊斯、珊瑚礁、峽谷、虹橋等國家公園，連大鹽湖上還有一個羚羊島國家公園，這些國家公園內都看的到幾萬年來冰蝕的巨石，有的像拱門、有的像石橋，還有平衡石、各種山峰造型，有的就像蜂窩一樣，因此猶他州也被稱為蜜蜂窩之州(Beehive State)。

除了千奇百怪的石頭自然奇觀，不靠海的猶他州，還有一個世界第二大的內陸鹹水湖——大鹽湖，以及也可以算是世界宗教之一摩門教的總部所在——鹽湖城，都是旅遊熱門去處，每年來此造訪的世界各國遊客在全美中也是名列前茅。

「猶他」其實是印第安族的語言，意為「山地人」(Hill Dwellers)，是全美50個州中，與夏威夷州唯二立法禁止各種型式賭博的州，這裡也因為白天酷熱，到了晚上就冷，溫差很大，並不適合居住，但還是吸引摩門教人來到鹽湖城來建城，更帶來繁榮。

84 **15**

大鹽湖
Great Salt Layton

80

摩門大教堂
Temple Square

215

猶他州州政府
State Capital

80

80

215

鹽湖城
Salt Lake City

80

15

215

215

賓漢銅礦
Bingham Canyon

15

拱門國家公園
Arches National Park

70

城鎮
Beaver

191

猶他州地圖

↑↓猶他州土地貧瘠，很多山光禿一片少見動植物，
離開城鎮幾乎見不到人影與房屋

❶～❹ 猶他州的州政府設在首府鹽
湖城,是很典型的美國國會風格的
美麗建築

鹽湖城
Salt Lake City

猶他州首府

鹽湖城(Salt Lake City),是猶他州的首府和最大城市,因有個大鹽湖而命名,很多人來到這個城市,總好奇真的有鹽的湖嗎?只是地廣人稀,城市人口只有約18萬人,但如果以整個都會區人口算則有100萬餘人,在中西部內陸城市中占第3位,僅次於丹佛和鳳凰城。

鹽湖城這個城市建城有一段感人的故事,1847年由楊百翰率領一群人信仰耶穌基督後期聖徒教會(摩門教)的信徒,遷徙到此開墾拓荒,說了一句名言「就是這個地方!」因而在此建立城市、摩門教會的總會,以及後來興建的聖殿,都一直建在鹽湖城至今,超過半數居民都是該教會教徒。

鹽湖城很早就有採礦業,加上第一條東西向的橫貫鐵路興建,穿越鹽湖城,帶來了該市的經濟繁榮,鹽湖城因而還獲得「西部十字路口」的稱號,21世紀,鹽湖城大力推展滑雪、自行車等戶外活動,2002年甚至爭取主辦了冬季奧運會。

摩門教落地生根的城市

美國西部移民之前，其實印第安部落已在這裡的山谷中居住了幾十年，後來摩門教會在此落地生根，信徒更是快速增加，鹽湖城因而成為一個充滿宗教文化的都市，街道名也都簡單的用東南西北的第幾條街命名。

很多人都認為，鹽湖城原本四周都是荒涼的沙漠，但在摩門教會信徒們幾十年下來的努力，讓鹽湖城才有今天的規模與繁榮，甚至成了猶他州最大的城市，他們成了建城的最大功臣，而原本的居民印第安人族群則已遠離他處，如今已不復見。

鹽湖城是很有宗教氣息的都市，這裡的居民很熱情，走在街上，都會遇到熱忱的摩門教兄弟或姊妹，主動上前和你打招呼或聊天，感覺在宣揚教義，如果對摩門教沒有很大的興趣，最好婉謝對方的進一步邀請，但摩門教會與聖殿還是值得去參觀。

全美耗費最高興建的州政府

來到鹽湖城，總會再到州政府走走，每天上午8點到晚上8點都會開放給遊客參觀，外觀建築是美國各州政府最常見的標準設計——新古典主義多柱式的大樓，第一眼總讓

*鹽湖城有如沙漠中的綠州，
有段感人的建城歷史*

人有似曾見過的感覺，建材也是最常見的大理石與花崗岩。

　　但單從其外觀還看不出其富麗堂皇的一面，可不要在外頭拍拍照到此一遊就要走人，一定要再入內參觀，你就會知道爲什麼這個州政府是全美國耗費最高所興建的州政府，在大廳內參觀，有時還以爲是在哪個博物館內。

　　州政府前廣場寬闊，有如一座美麗的花園，園中還有一座紀念地標，放眼望去都是翠綠的林木，這個城市四季分明，4～10月多不會下雪，但7～9月是雨季，每年平均濕度只有攝氏十幾度，氣候宜人。

↓Info
http en.wikipedia.org/wiki/Great_Salt_Lake
➡️ 位在80號與15號兩條跨州公路交岔點

↓→猶他州首府鹽湖城，在一片原是荒蕪的土地上建城，如今成了沙漠中的綠州

街道整齊，多是綠化公園

城市街道成棋盤式垂直平行排列，而且都以數字命名，街道很整潔，綠美化也做得不錯，州政府建築宏偉，每天都有遊客來參觀拍照，州政府四周也多是公園，遊客較少前往在街上參觀。

摩門大教堂
Salt Lake Temple

堪稱北美洲第一大教堂

摩門教的總部，
摩門教徒們的聖城

提到猶他州，都會讓人聯想到拱門、首府鹽湖城以及摩門教，是猶他州3個最具代表性的名勝景點，說摩門教是一個景點也不為過，因為真的就是一個有名的觀光去處，尤其是來到這裡的遊客，一定會去參觀摩門大教堂，也有人稱它是「摩門教聖殿」。

它不但是鹽湖城最具代表性最高的建築物，鹽湖城更是全世界摩門教徒們的總部，和天主教的梵蒂岡、以色列首都「耶路撒冷」一樣，被列為「聖城」；摩門教的全名是「耶穌基督後期聖徒教會」，雖有基督兩字，但卻與基督教不同教派。

摩門教官方網站上宣稱教徒超過1,300萬人，遍布全世界各地，在台灣也常見到摩門教徒，印象最深刻的就是他們都穿白色襯衫打領帶騎著高大的單車在街上傳教，參觀摩門教堂，也可以比較看看與歐洲各國常見的大教堂有什麼不一樣。

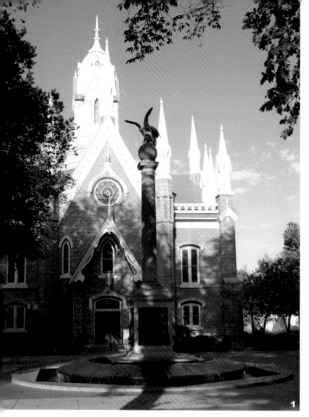

全世界教徒大會召開的禮拜堂

　　來到摩門教堂區，除大教堂，還有一座可以容納21,000人的禮拜堂，也是他們的會議中心，每半年一次全世界教徒代表大會都此召開。教堂大都開放給遊客參觀，有些場所則需要志工帶領做導覽，這些志工來自世界各國，他們會各種語言，當然也包括華語，不必擔心他們講的聽不懂。

　　教堂區占地4萬平方公尺，裡頭還有不少宏偉的建築，大多由全世界各地的摩門教組織的所捐助興建，100多年來，教徒們也都深信因而努力勤奮，才有今天鹽湖城的繁榮與經濟發達，在鹽湖城旅遊，不論你走到哪兒，所見所聞總感到有濃濃的宗教氣息。

假日商店停止營業

　　如果碰上星期假日，鹽湖城的商店幾乎全都要暫停營業，街頭冷清，因為大都是教徒的居民要上教堂，反而教堂區很熱鬧，來自各地的教友們齊集，每人手裡都拿著摩門經，面帶微笑，也有擔任志工的教友要負責接待進來參觀的遊客，宣揚他們的宗教意旨。

　　摩門教的義工或志工來自世界各國，想成為摩門教徒須先當傳教義工，男性24個月，女性18個月，傳教期間，不可以參加舞會，不可以約會，一切費用自己承擔，想成為摩門教徒必須遵守一些規定，像不可喝酒抽煙，不可有婚前性行為等。

建築精雕細琢，神聖又宏偉

　　摩門大教堂(Assembly Hall)的建築精雕細琢，神聖令人敬仰，教堂區內四周矩陣般圍繞著整個建築，教堂本身有5公尺高的圍牆包圍6座尖塔，在西元1853年起建造，多採用花

崗石材料，前後花了40年時間才竣工，至今仍是北美州第一大教堂，更是摩門教會在世界各地超過130座教堂中最大的一座。

教堂區內建築還包括全市最高的摩門教行政大樓，有26層樓高，廣場上還圍繞著約瑟夫·史密斯紀念大樓(Joseph Smith Memorial Building)、獅子屋(Lion House)、教堂歷史藝術博物館，全是與宗教相關的建物，禮拜堂(Tabernacle)的外觀是一座橢圓形屋頂的建築，又像座蜂巢，也稱為「Beehive House」。

想入內參觀，需團體預約，不接受個人進入參觀，摩門教堂仍是全美參訪遊客最多的教堂，甚至還有遠從加拿大來的觀光客，他們就搭著旅遊巴士前來朝拜，教堂外圍道路上總是排滿各地來遊覽車。

❶❷摩門大教堂宏偉的外觀
❸摩門教堂每逢重要節日及假日禮拜都有大批教徒前來
❹❺教區內的各種建築，以及宣傳教義的展示館與雕像設施

↓*INFO*

http www.lds.org

✉ 50 West South Temple，Salt Lake City

➡ 位在鹽湖城市中心的北邊，接近15號跨州公路旁的S. Temple與State St.兩街交岔路口

入內參觀須預約

Tips

摩門大教堂每天都有來自各地的遊客，其中還有不少是外州甚至從加拿大直接搭遊覽車前來，星期日信徒多遊客也多，參觀必須先預約，團體優先，個人要參觀也要事先登記經得同意才能進入參觀，參觀全程都有義工導覽解說。

大鹽湖
Great Salt Lake

世界第二大，僅次死海

INFO
http www.en.wikipedia.org/wiki/Great_Salt_
Lake

大鹽湖是全美最大、世界第二大的內陸鹹水湖，僅次死海，位在猶他州西北邊的鹽湖城，鹽湖城是猶他州的首府，也是因為這個大鹽湖而得名，只是讓人很好奇，四海都不靠海的猶他州，境內多是荒涼的沙漠，沒有海水怎麼會有一個鹹水湖？

大鹽湖有多少呢？卻沒有標準答案，湖水來自河水、雨水及冰融的雪水，根據紀錄187年時湖水積有6,200平方公尺，但到了1963年時，卻只剩下2,460平方公尺，但最近幾年發現大多介於3,500～4,000平方公尺之間，主要的河水來自韋伯河(Bear Jordan)。

1

全美最大，那一定大到讓你看不到對岸，因為大鹽湖湖長長達120公里，湖寬也有40公里，但湖深度平均只有4公尺多，最深也只有十幾公尺，不過湖水含鹽分高達27～23％之間，比海水的3.5％高出7倍以上，結晶體很粗又鹹。

湖水鹹到沒有任何魚類能生存，但湖裡仍有一種豐年蝦(Artemia or Brine Shrimp)，是一種高價值的水族養殖寵物，站在湖畔的碼頭就可以看到這種湖裡唯一的生物，和我們以為一般有湖就會有豐富的水產完全不同，只是在湖畔也看不到有人在採集鹽，以為會有鹽田或曬鹽之類的景觀。

可體驗遊艇帆船等水上活動 Tips

湖面之大也提供了水上休閒活動，從碼頭一排排的各種遊艇帆船就可知道，這裡的水上活動很熱門，遊客來此不一定有機會看到，但大鹽湖還是有其之美，仍值得來此一遊。

❶ 大鹽湖也有遊艇等湖上休閒活動
❷～❹ 大鹽湖的水位會隨季節變化等因素而增減，湖面時大時小
❺ 參觀大鹽湖可以先看湖畔的導覽解說

THE GREAT SALT LAKE AND STATE MARINA

UTAH

❶ 礦坑上方廣場展示各種早年採礦器具
❷❸ 賓漢銅礦場規模之大讓人驚訝

賓漢銅礦
Bingham Canyon Copper Mine
世界第一大人工開鑿露天礦區

無奇不有，
世界最大的露天礦坑

　　來到鹽湖城，不只是有名的摩門教而已！ 還有一座世界第一大的露天人工開鑿出來的礦坑——賓漢銅礦場，或許你會質疑礦區有什麼好看的？ 但壯觀得讓你以為來到哪個星球，絕對值得你去參觀，世界真的無奇不有，連個礦區也會世界有名。

　　上山參觀之前，沿路會看到光禿禿一座座的山，很好奇這些山是怎麼形成的，如果告訴你是人工堆出來的，你或許不相信，中國有個「愚公移山」的故事，這裡可以印證是真的；來到山頂後再往下看，你才會驚見這個銅礦場有多大，開挖至今超過100年，挖出的大洞，和大陸的萬里長城一樣，從外大空也能用肉眼清楚的看到整個全貌。

❹ 運輸礦石的車輛超大，輪胎就有兩個人高
❺ ❻ 礦坑的室內展場有如小型博物館也販賣各種紀念品

人工開鑿，費時又費力

　　剛開始都是人工一鋤又鋤的開挖，非常費時費力，直到1873年鐵路開到鹽湖城後，帶動這個城市發展，從1898年開始就用炸山的方式開挖，因是露天的礦區，不需要挖地下礦道進入礦坑內，但也不易開採，直到1906年才正式挖出第一批銅砂。

　　賓漢銅礦開挖至今沒有停過，總面積已開挖了1,900英畝，約7.7平方公里，開挖2噸礦土，只有1噸是銅砂，開挖出來沒有利用價值的礦土就堆在四周成了一座座的山，光禿禿的連棵樹也沒有，已開挖約寬4.5公里，最深已超過1,200公尺，如果用台北101的高度換算，快疊到3座的高度了。

　　這座一直是全世界最大的露天銅礦區，在1920年開採最盛時，採礦工人曾多達15,000人，滿山滿坑滿谷都是人，礦區後來也開放讓遊客參觀，可以來到礦區的最高處，眺望整個礦區，非常壯觀，開挖的部分在最底層，一圈圈的路就以螺旋狀慢慢繞著坑壁而上，提供車輛進出坑洞運輸銅砂與礦土。

不開放內部參觀，可從上往下欣賞

　　礦區無法進入參觀，只能從高處往下欣賞，設有望遠鏡，遊客廣場上有展示一些早年開挖的器具，還有一個4公尺高的大輪胎，這就是載運銅礦車輛的輪胎，想見車子有多龐大，遊客中心內有各種礦石及紀念品，甚至還有最受遊客喜歡的「銅質明信片」，2002年鹽湖城主辦冬季奧運會的獎牌也有展示在這裡，因為原料就來自這家銅礦公司——肯納可銅礦公司(Kennecott Utah Copper)。

礦坑挖出來的土石堆積如金山，非常壯觀

賓漢銅礦不是風景區，也不是自然風景旅遊景點，參觀時只收停車費，每輛車5～10美元，2013年4月10日，礦坑卻因近來年最大的融雪造成山崩，迫使整個礦區暫時封閉一段時間，採礦工作也宣告暫停作業；礦區原定2017年就停採，但已決定延到2021年，目前已採到的銅超過1,700萬噸，黃金約2,300萬盎司，採到最多的礦不是銅卻是銀，高達1億9,000萬盎司，被喻為地球上「最有價值的坑洞」。

↓INFO

http en.wikipedia.org/wiki/Bingham_Canyon_Mine

➡ 走80號跨州公路，位在鹽湖城市中心的西南邊，沿著山路開車至山頂的採礦區，有停車場還有一座小小的博物館

必遊景點，錯過可惜

賓漢銅礦只有一條道路可上山，這裡曾因發生崩塌(土石流)一度封閉，來到鹽湖城如果有多餘的時間，建議一定去參觀，因為真的很值得。

Campground
Upper Delicate Arch Viewpoint
Lower Delicate Arch Viewpoint
拱門國家公園園內道路
Balanced Rock
191
128
遊客服務中心、大門
Visitor Center
279
191

拱門國家公園
Arches National Park

超大型天然石雕展場

　　提到美國的猶他州(Utah)，總會想到遍地都是荒涼的沙漠景觀，但位在東部靠近科羅拉多州的一角，卻有個百萬年才形成的奇特的景觀——拱門國家公園，占地更廣達309平方公里，多達2,000多座的大大小小的拱門，有如一座超大型的天然石雕作品展場，說是天下一大奇景都不為過。

拱門國家公園最有名的景點之一平衡石

鹽床上的石雕展覽

　　整座公園其實就位在一個廣大的鹽床上，幾億年前這裡還是海洋，數千年來海水不斷蒸發掉，一塊塊的沙岩巨石出現，在水、風、極端的溫度變化交替下，雕鑿出世界密度最大的天然拱門，最小的只有幾英尺，大的大到數百英尺，因每天都在風化侵蝕，不斷有新的拱門出現，但也不斷有年代久遠的老拱門支撐不住而崩塌瓦解。

　　據管理單位的統計，從1970年以來，至少已有40座以上的大小拱門因風化侵蝕而倒塌消失，目前園內最高峰的「象峰」，海拔1,245公尺，是重要的地標之一，但高度也不斷在降低。

1929年美國總統赫伯特胡佛設立「拱門國家紀念地標」，直到1971年再由另一位總統理查尼克森，簽署法案將紀念地標升級為「國家公園」，但因這些沙岩形成的拱門，經過長時間日曬雨淋，不斷遭到風化侵蝕，不斷的在斷裂倒塌，公園面積修改過幾次。

平衡石，平衡得不可思議

公園範圍很大，但也沒關係，進入公園內也只有一條公路可走，全長48英里，穿越各著名的景點，且都會設停車場，讓遊客停下車，改用徒步的方式參觀，像平衡石、雙拱拱門、魔鬼花園、天際線拱門等地標景點，可以安排更多的時間去走一趟，近距離接觸，但拱門數量太多，大多只能邊開車邊欣賞。

值得一提也是一定要去參觀的是「平衡石」，它不像這裡很多的拱門造型，當你見到時，會想到好像在其他的景點也見過類似的石頭造型，但這塊巨石真的「平衡」到不可思議，花3分鐘就可以走到巨石下仰望，你會不解為什麼可以矗立在另一個石柱上，那麼久遠為什麼都不會掉落下來，當然如果猶他州有地震，那鐵定早就掉下來了！

❶～❹ 拱門國家公園坐落在廣大的鹽床上，經過幾億年的風化侵蝕而形成的各種奇岩怪石，有如一座大型的石雕藝術作品展

先選定地點，以免浪費時間

公園範圍很大，先選定要去的景點，進入公園前的遊客服務中心有簡介，先了解過目後再進入，以免浪費太多時間，大多會挑有名的地標，各景點都需徒步，步道路況不一，為避免破壞自然生態環境，步道大多為最原始的泥土路，有些穿越草地及碎石區，爬上爬下都要特別小心腳步，所需時間不一，各景點都多空曠，天氣炎熱易中暑，沒有販售飲料的地方，需自備。來這裡的遊客最喜歡的一件事就是拍照，不同時間來有不同的景觀，清早與傍晚最佳，尤其是夕陽西下時最美。

Tips

　較著名的拱門,都設有步道,只要沿著步道或小徑走不會迷路,但有些路段不好走,崎嶇不平,爬上爬下,每年3～10月的旅遊旺季前往,太陽很強,天氣炎熱,少有遮蔽處可躲,如果打算走較遠的景點,一定要帶水,而且也要注意毒蛇、蜥蜴等爬蟲類的動物。

拱門造型、顏色千變萬化

　這些拱門造型也許千奇百怪,有點像某種動物,有的像千層蛋糕,大多除了直立塔狀外,其他相同之處即多像一個拱門,中間掏空或大或小像個門,還有一些是雙洞,但每年都會有變化,時間越久都有可能從此消失。

　前往拱門國家公園,景觀還依時間因陽光照射的角度不同也有所不同,烈日當頭清晰可見,傍晚黃昏時,太陽照射下,所有的岩石好像被染紅一般,美不勝收,有如置身在外太空的某一個星球上,也是愛好攝影的旅人最喜歡獵取的鏡頭。

　不過除了放眼望去一座座的大小拱門外,這裡也不是不毛之地,動植物也很豐富,有不少矮松、杜松樹、黑灌木、風滾草、仙人掌等植物林,在一片紅岩林立的沙漠上點綴其間,如果是5～6月間來,各種野花盛開,又是另一種即荒涼又美麗的景觀。

事先取得資訊，行程更豐富

　　進入拱門國家公園前，會先到位在山谷下入口處的遊客中心，可以在這裡先取得相關的資訊，安排自己想去參觀的景點，每到整點會播放導覽與簡介，提供來訪遊客參考。

　　「都是石頭嘛！」走訪拱門國家公園後，很多人都會有這個感想，起先是驚奇、好奇，怎麼有那麼多的風化石頭，而且多是中間有個洞，就像拱門一樣，但參觀到最後就越覺得不新鮮了，看來看去都是一個樣，這就看你帶著什麼心情來到這裡，至少也是世界一大奇觀！

　　拱門國家公園如果以英文的「Arches」來直譯，也有人稱為「阿契斯國家公園」，也有華人直譯為「石門」國家公園，未進到公園前多多少少都會看過各種簡介上的相片，到走完時，也許會發現沒有看到圖片上的拱門，這是因為公園範圍很大，行程安排只有1天或安排2天以上，看到的一定不一樣。

　　有遊客會故意安排在日出前或日落前來到這，看到的景觀又不一樣，但有些會列為必遊之地如石窗區(Windows Section)、惡魔花園(Devils Garden)、拱門景色拱門(Landscape Arch)及精緻拱門(Delicate Arch)等，只是有些路徑狀況不是很好，且需花更多的時間與體力，建議遠觀即可。

↓INFO

http www.nps.gov/arch

➡70號跨州公路，猶他州與科羅拉多州交界附近，轉191號公路前往

1

❶ 進入拱門國家公園必遊的第一個景點「Tower of Babel」
❷ 進入拱門國家公園開車沿著公路觀賞最省時
❸ 有些岩石風化後塌陷成山谷
❹ 「平衡石」有多大多高，從站在下方的遊客就知道
❺ 兩個洞洞的「雙拱拱門」
❻ 公園內仍見百年來有著歲月痕跡的老樹

索引

世界主題之旅
88

美國中西部驚嘆之旅
峽谷、山峰、瀑布、湖泊、巨石等國家級景觀風景

作　　者	許正雄・陳美娜
攝　　影	許正雄・陳美娜

總 編 輯	張芳玲
主　　編	張焙宜
文字編輯	邱律婷
封面設計	林惠群
美術設計	林惠群
地圖繪製	林惠群・余淑真

太雅出版社 編輯部
TEL：(02)2882-0755　　FAX：(02)2882-1500
E-MAIL：taiya@morningstar.com.tw
郵政信箱：台北市郵政53-1291號信箱
太雅網址：http://www.taiya.morningstar.com.tw
購書網址：http://www.morningstar.com.tw
讀者專線：(04)2359-5819 分機230

發 行 所	太雅出版有限公司
	台北市11167劍潭路13號2樓
	行政院新聞局局版台業字第五○○四號
印　　刷	上好印刷股份有限公司　TEL：(04)2315-0280
	裝　訂 東宏製本有限公司　TEL：(04)2452-2977

二　　版	西元2019年06月10日
定　　價	380元

(本書如有破損或缺頁，退換書請寄至：台中市工業30路1號 太雅出版倉儲部收)

ISBN 978-986-336-324-8
Published by TAIYA Publishing Co.,Ltd.
Printed in Taiwan

國家圖書館出版品預行編目(CIP)資料

美國中西部驚嘆之旅：峽谷、山峰、瀑布、湖泊、
巨石等國家級景觀風景 / 許正雄, 陳美娜作.
-- 二版. -- 臺北市：太雅, 2019.06
面；　公分. -- (世界主題之旅；88)
ISBN 978-986-336-324-8(平裝)

1.旅遊　2.美國

752.9　　　108004555

這次購買的書名是：

美國中西部驚嘆之旅 (世界主題之旅88)

* 01 姓名：＿＿＿＿＿＿＿＿＿＿ 性別：□男 □女 生日：民國＿＿＿＿年

* 02 市話：＿＿＿＿＿＿＿＿＿ 手機：＿＿＿＿＿＿＿＿＿

* 03 E-Mail：＿＿＿＿＿＿＿＿＿＿＿＿＿＿＿＿

* 04 地址：□□□□□ ＿＿＿＿＿＿＿＿＿＿＿＿＿＿＿

05 你決定購買這本書的主要原因是：(請選出前三項，用1、2、3表示)
□題材適合　　□封面設計　　□內頁編排　　□內容清楚實用
□資訊豐富　　□價格合理　　□其他＿＿＿＿＿

06 你的旅行習慣是怎樣的：
□短期遊學　　□打工度假

07 通常在一趟旅行中，你的購物預算是多少(新台幣)：
□10,000以下　　□10,000～30,000　　□30,000～100,000　　□100,000以上

08 你通常跟怎樣的旅伴一起旅行：
□父母　　　　□另一半　　　□朋友2人行　　□跟團
□親子　　　　□自己一個　　□朋友3～5人

09 在旅行過程中最讓你困擾的是：(請選出前三項，用1、2、3表示)
□迷路　　　　□住宿　　　　□餐飲　　　　□買伴手禮
□行程規畫　　□語言障礙　　□突發意外

10 你需要怎樣的旅館資訊：(請選出前三項，用1、2、3表示)
□星級旅館　　□商務旅館　　□設計旅館　　□一般旅館
□青年旅館　　□民宿

11 你認為本書哪些資訊最重要：(請選出前三項，用1、2、3表示)
□餐飲　　　　□景點　　　　□住宿　　　　□地圖
□行程規畫　　□購物逛街　　□貼心提醒　　□教戰守則

12 你有使用「智慧型手機」或「平板電腦」嗎？　13 你會購買旅遊電子書嗎？
□有　　　　　□沒有　　　　　　　　□會　　□不會

14 你最期待旅遊電子書有哪些功能？(請選出前三項，用1、2、3表示)
□美食　　　　□景點　　　　□購物　　　　□交通
□住宿　　　　□地圖　　　　□GPS定位　　□其他

15 若你有使用過電子書或是官方網路提供下載之數位資訊，真正使用經驗及習慣？
□隨身攜帶很方便且實用　　　　□國外上網不方便，無法取得資訊
□電子工具螢幕太小，不方便閱讀　□其他＿＿＿＿＿＿＿＿

16 計畫旅行前，你通常會購買多少本參考書：＿＿＿＿＿＿＿＿＿本

17 你最常參考的旅遊網站，或是蒐集資訊的來源是：
＿＿＿＿＿＿＿＿＿＿＿＿＿＿＿＿＿＿

18 你習慣向哪個旅行社預訂行程、機票、住宿、或其他旅遊相關票券：
＿＿＿＿＿＿＿＿＿＿＿＿＿＿＿＿＿＿

19 你會建議本書的哪個部分，需要再改進會更好?為什麼?
＿＿＿＿＿＿＿＿＿＿＿＿＿＿＿＿＿＿

20 你是否已經照著這本書開始操作?使用本書的心得是?有哪些建議?
＿＿＿＿＿＿＿＿＿＿＿＿＿＿＿＿＿＿

填表日期：＿＿＿年＿＿＿月＿＿＿日

讀者回函

掌握最新的旅遊與學習情報，請加入太雅出版社「旅行與學習俱樂部」

很高興您選擇了太雅出版社，陪伴您一起享受旅行與學習的樂趣。只要將以下資料填妥回覆，您就是「太雅部落格」會員，將能收到最新出版的電子報訊息！

填問卷，送好書

凡填妥問卷(星號＊者，必填)，前1,000名寄回、或傳真回覆問卷讀者，即可獲得太雅出版社「布偶DIY」系列《一對》或《旅行》一本。活動時間為2014/01/01～2014/12/31，寄書先後順序以郵戳為憑。

二選一，請勾選

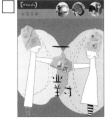

太雅部落格

http://taiya.morning
star.com.tw

------(請沿此虛線壓摺)------

| 廣 告 回 信 |
| 台灣北區郵政管理局登記證 |
| 北 台 字 第 1 2 8 9 6 號 |
| 免 貼 郵 票 |

太雅出版社　　編輯部收

台北郵政53-1291號信箱
電話：(02)2882-0755
傳真：**(02)2882-1500**
(若用傳真回覆，請先放大影印再傳真，謝謝！)

------(請沿此虛線壓摺)------

太雅部落格 http://taiya.morningstar.com.tw

有 行 動 力 的 旅 行 ， 從 太 雅 出 版 社 開 始